Sarah Arthur

Unterwegs mit Frodo

Inspirierende Andachten
zu Tolkiens »Der Herr der Ringe«

Sarah Arthur

Unterwegs mit Frodo

Inspirierende Andachten
zu Tolkiens
»Der Herr der Ringe«

Schulte & Gerth

Titel der Originalausgabe:
Walking with Frodo

Best.-Nr. 815 912
ISBN 3-89437-912-X
1. Auflage 2003

Die Bibelstellen wurden der »Gute Nachricht Bibel« entnommen.

Übersetzung: Karoline Kuhn
Umschlaggestaltung: Immanuel Grapentin,
Luke Daab
Satz: Die Feder GmbH, Wetzlar
Druck und Verarbeitung: Ebner & Spiegel, Ulm

Für Grossvater,
ein wahrer Sam Gamdschie,
ohne den Grossmutter
»nicht weit gekommen wäre«.

Was drinsteckt

Anmerkung der Autorin

Dieses Buch habe ich mit zwei Anliegen geschrieben.

Zum einen wollte ich herausstellen, dass »Der Herr der Ringe« keine Allegorie ist. Dieser verbreiteten Auffassung stimme ich von ganzem Herzen zu, mit allem Respekt vor J. R. R. Tolkien. Es ist außerdem keine explizit christliche Geschichte. Sie ist zumindest nicht christlicher als der Birnbaum in meinem Vorgarten – doch ebenso wie der Baum deutet sie im Kern auf einen Schöpfer und Retter hin, ohne dass dies in Worte gefasst werden müsste. Tolkien war ein tief gläubiger Christ und wie bei jedem Autor zeigt sich seine Weltsicht auf jeder Seite seines Werkes. »Der Herr der Ringe« bildet da keine Ausnahme.

Andererseits möchte ich aber auch lehren. Wir Menschen lernen am besten, wenn uns jemand Wahrheiten über das Leben in Bildern und Vergleichen vermittelt. Gute Lehrer wissen, dass wir eine Lektion nur dann verinnerlichen, wenn wir von den Inhalten wirklich begeistert sind – wenn unser Verstand, unsere Gefühle und unsere Vorstellungskraft angesprochen werden und Feuer und Flamme sind. Eigentlich lehrt sich die Lektion dann von selbst. Wir denken: *Oh, irgendwie wusste ich das doch schon!*, obwohl wir es bis dahin nicht in Worte fassen konnten.

So ist es auch bei »Der Herr der Ringe«. Zu meiner freudigen Überraschung hat meine medienübersättigte Generation Tolkiens Geschenk an die Welt angenommen – ein zeitloser und unbezahlbarer Schatz! – und es sich zu Eigen gemacht. Frodos Geschichte ist so sehr mit unserem kulturellen Bewusstsein verwoben, dass man beinahe sagen könnte, sie ist untrennbar mit unserem Erwachsenwerden verbunden. Und als geistliche Lehrerin freut es mich besonders, dass die Geschichte sich so bereitwillig für viele geistliche Lernschritte nutzen lässt.

Tolkien sagte einmal, dass es in dieser Geschichte »hauptsächlich um Motive« ginge. Das wird dem Leser immer deutlicher, je besser er die einzelnen Figuren kennen lernt. Was motiviert die Gestalten beispielsweise dazu, die Entscheidungen zu treffen, die sie treffen – Egoismus oder Nächstenliebe? Um dies zu untersuchen, habe ich neun Entscheidungssituationen im Buch herausgesucht und sie als Fenster zur Seele von »Der Herr der Ringe« benutzt. Die angegebenen Bibelverse sollen den biblischen Bezug verdeutlichen, und die Fragen, die sich meinen Überlegungen anschließen, sollen dazu dienen, das Gelernte in das alltägliche Leben zu übertragen.

Ich ziehe den Hut vor den zahllosen Menschen, die dabei geholfen haben, dass dieses Buch entstehen konnte – von meinem Ehemann und meiner Familie bis hin zu meinen Freunden in der Welt der Bücher. Ohne eure Hilfe wäre dieses wundervolle Abenteuer nie über Seite 1 hinausgekommen ...

Gandalf sagt zu Pippin: »Wenn du all diese Tage mit geschlossenen Augen und verschlafenem Sinn einhergegangen bist, dann wache jetzt auf!«[1]

Frodo geht zur Vordertür von Beutelsend hinaus. Gehst du mit ihm?

Sarah Arthur

Ein Wort zu Beginn

Fantasy-Literatur ist plötzlich cool – dank dem Herrn der Ringe! Wir reden hier natürlich nicht über den Billigkram, in dem Benji der Tapfere im Zeitalter der blinden Kühe das Horn von Ippydoo erhebt, um den Gott Mork herbeizurufen und so weiter. Nein, wir wollen den wirklich guten Stoff! Wir wollen kosmische Schlachten zwischen den Mächten von Licht und Finsternis, in denen sich alle friedliebenden Menschen der Welt zusammenschließen müssen, um überhaupt eine Chance zu haben. Wir wollen gut geschilderte, interessante Charaktere, die der Bedrohung tapfer ins Auge schauen und ehrenvoll sterben. Wir wollen Spannung, Action, Romantik und sauer verdiente Happyends.

Wenn wir ehrlich sind, wünschen wir uns, dass das Leben selbst so wäre. Und tief in uns drinnen vermuten wir, dass es tatsächlich so ist. Doch an der Oberfläche wirkt es oft ... nun ja, etwas flach. Zum Beispiel bedrohen uns in der Cafeteria der Schule keine Orks, die uns anmeckern, weil wir an *ihrem* Stammplatz sitzen. Es sind einfach bullige Typen in Sweatshirts, deren Großmütter sie vermutlich lieben und sich nur wünschen, sie würden sich regelmäßiger die Zähne putzen. Es sind auch keine Zauberer, die uns Mathe-Unterricht erteilen, sondern Männer mittleren Alters in langweiligen Klamotten, deren bedeutendste

Schlacht mit den Mächten der Finsternis darin besteht, uns dazu zu bringen, die Quadratwurzel aus 27 zu ziehen. Und wir selbst sind weder Elben noch Zwerge, nicht einmal Hobbits (obwohl manche von uns sehr große Füße haben). Wir sind einfach ganz normale Menschen, die sich wünschen, dass das Leben mehr sein könnte als Hausaufgaben und Verabredungen und ab und zu ein Urlaub im Süden.

Lassen wir uns nicht irreführen: Das Leben ist *nicht* flach! Unter der Oberfläche unserer Existenz findet tatsächlich diese Schlacht zwischen Gut und Böse statt, eine Schlacht, die am Anbeginn der Zeiten ihren Anfang nahm und weitergehen wird, bis es mit unserer Welt zu Ende geht. Wir erhaschen Einblicke in dieses Böse, wenn unsere Eltern sich gegenseitig anschreien, wenn ein Freund aus Verzweiflung Selbstmord begeht, wenn die Lieblingstante an Krebs stirbt oder wenn ein Linienflugzeug voller Passagiere entführt und in einen Wolkenkratzer geflogen wird.

Wir sehen aber auch das Gute: eine unerwartete Freundlichkeit eines Fremden, ein Sieg über eine Sucht, kleine Momente voller Gnade, Freude und Heilung in unseren dunkelsten Stunden. Wir blicken später auf diese Zeiten zurück und erkennen, dass die Situation vermutlich viel schlimmer hätte ausgehen können. Und dann haben wir ja auch noch das Versprechen, dass der große Autor der Geschichte ein Happyend geplant hat, das unsere wildesten Träume übertreffen wird.

Das ist die große Aussage hinter »Der Herr der Ringe« und darum ist die Geschichte so gut. J. R. R. Tolkien wollte uns nicht weismachen, dass unsere Klassenkameraden in Wahrheit verkleidete Orks sind oder dass unsere Lehrer in ihrer Freizeit Balrogs bekämpfen. Er wollte einfach eine gute Geschichte erzählen. Und sein Glaube färbte und formte diese Geschichte und verlieh ihr eine tiefere Bedeutung. So kommen alle wirklich guten Geschichten zustande.

Tolkien war Christ. Das wissen wir aus seinen anderen Werken und aus Berichten von seinen Freunden. Christen glauben, dass alles Gute erst durch Jesus Christus möglich gemacht wurde. Doch Jesus ist kein netter Onkel, sondern der Verfasser des Lebens selbst. Er ist für uns in die Bresche gesprungen, als es wirklich brenzlig wurde, und hat das Ruder gerade noch rechtzeitig herumgerissen.

In dieser Hinsicht ist Jesus – wie Gandalf – der Retter. Er hat für uns die Mächte der Hölle bekämpft und ist dann von den Toten auferstanden, um uns in unserer dunkelsten Stunde beizustehen. Jesus ist auch – wie Aragorn – der König, der rechtmäßige Thronerbe unserer Herzen, der Eine, der unsere ganze Hingabe und Treue verdient. Und jeder von uns steht – wie Frodo – vor einer Wahl: demütig die Aufgaben zu Ende zu bringen, die unser Retter-König für uns vorgesehen hat – oder sich ganz langsam von der Dunkelheit vereinnahmen zu lassen ...

In diesem Buch werden wir verschiedene Figuren aus »Der Herr der Ringe« betrachten, die vor Entscheidungssituationen stehen. Wir werden untersuchen, was sie motiviert. Wir werden das Ergebnis ihrer Entscheidungen analysieren und die zeitlosen Wahrheiten betrachten, die auch heute noch für uns Gültigkeit haben. Dann werfen wir einen Blick in die Bibel, um uns mit den geistlichen Wurzeln dieser Wahrheiten zu beschäftigen. Und schließlich kommen noch einige Fragen, die einen Bezug zu deinem Alltag herstellen sollen: »Was hat dies mit meinem Schulalltag, meinen Freunden, meinen Eltern zu tun?«

Einer von Jesu besten Freunden schrieb: »Gott ist

Licht und in ihm gibt es keine Spur von Finsternis. Wenn wir behaupten, Gemeinschaft mit Gott zu haben, und gleichzeitig im Dunkeln leben, dann lügen wir und tun nicht, was der Wahrheit entspricht. Leben wir aber im Licht, so wie Gott im Licht ist, dann haben wir Gemeinschaft miteinander, und das Blut, das sein Sohn Jesus für uns vergossen hat, reinigt uns von jeder Schuld« (1. Johannes 1,5–7).

Das ist eine gute Geschichte!

Wie dieses Buch gedacht ist

Dies ist ein Andachtsbuch. Das bedeutet, es gibt einen Text, der auf einem Thema aus »Der Herr der Ringe« basiert, gefolgt von einer passenden Bibelstelle und dann Fragen zur Vertiefung. Im Idealfall kennst du die Filme und die Bücher und hast letztere zum Nachschlagen zur Hand. Manchmal beziehe ich mich auf Ereignisse in den Büchern, manchmal auf die Filme – meist auf beides. Wenn du die Bücher nicht gelesen hast, kann dir der »Kurze Führer durch Mittelerde«, den du im Anhang dieses Buches findest, helfen, den Überblick nicht zu verlieren.

Die 18 Andachten in diesem Buch bilden eigentlich 9 Paare (wo doch die Zahl 9 in »Der Herr der Ringe« eine so wichtige Bedeutung hat!). Jedes Paar erforscht zwei verschiedene Methoden, wie die Figuren (und auch wir) mit einer möglichen Situation umgehen. Jede endet mit einer Herausforderung: Wie wirst du diese Wahrheit in deinem Leben anwenden?

1. Woche:

Die Wahl zwischen Dunkelheit und Licht

Teil 1: Die Dunkelheit wählen

Der Balrog gab keine Antwort.
Das Feuer in ihm schien zu ersterben,
aber die Finsternis nahm zu.
»Die Gefährten« (I, 399)

Denke an den Abend zurück, als »Die zwei Türme«, der zweite »Der Herr der Ringe«-Film, in den Kinos anlief. Deine LOTR-süchtigen Freunde haben sechs Stunden angestanden, um Karten zu ergattern. Nun händigen sie dir im Tausch gegen diverse Eimer Popcorn eine Eintrittskarte aus. Wenn sich die Türen des Kinosaales öffnen, wird der Wahnsinn losbrechen, denn ihr habt vorher ausgemacht, unter allen Umständen zusammenzubleiben und notfalls bis zur Mitte der 8. Reihe bodyzusurfen, wenn nichts anderes geht.

Das Training zahlt sich aus. Ihr stürmt den Raum und erreicht die 8. Reihe; eure Popcorn-Eimer sind, oh Wunder!, noch gefüllt. Nachdem ihr ein paar Unterstufenschüler erfolgreich von ihren Sitzen verdrängt habt, setzt ihr euch hin. Der Film beginnt zwar erst in einer Stunde, aber was ist schon eine Stunde, wenn man ein ganzes Jahr gewartet hat?

Gerade als du beschlossen hast, dass du jetzt doch unbedingt aufs Klo musst, werden die Lichter gedimmt und der Vorhang geht auf. Du hast seit Monaten darüber gesprochen, doch nichts hat dich auf die atemberaubende Kamerafahrt über die Berge, die Minen von Moria und Gandalfs epischen Kampf mit dem Balrog vorbereitet, der zusammen mit dem Zauberer kopfüber in den Abgrund stürzt.

Wie haben diese Special-Effects-Typen das hingekriegt? Und vor allem: Wie hat *Gandalf* das hingekriegt!?

In einem kurzen Rückblick steht Gandalf klein und zerbrechlich auf dem Überrest der steinernen Brücke vor diesem peitschenschwingenden Monster. Man kann sich nicht vorstellen, dass er diesen Sturz überleben wird und schon gar nicht den Kampf danach. Doch du kennst ja die Bücher und weißt, dass der Alptraum gerade erst beginnt.

Der Balrog wird im Film als ein Geschöpf aus Feuer und Flammen dargestellt. Tolkien beschreibt ihn als Kreatur der Dunkelheit – eine von vielen, aber nicht die Finsterste von allen (man denke nur an die Spinne Kankra). In »Die Gefährten« schreibt Tolkien: »Was es war, konnte man nicht sehen; es war wie ein großer Schatten, in dessen Mitte sich ein dunkler Umriss abzeichnete; von Menschengestalt vielleicht, doch größer; und Macht und Schrecken schien in ihm zu sein und ihm voranzugehen.«[2]

Die Vorstellung, dass die Dunkelheit sich als Person manifestiert – nicht nur mit einer sichtbaren Form, sondern mit einem Intellekt und einem Willen –, ist beängstigend. Kein Wunder, dass Panik unter den Gefährten ausbricht, als dieses Wesen zum ersten Mal auftaucht. Es ist, als seien sie plötzlich vor Angst, Verwirrung und Verzweiflung wie versteinert. Diese Begegnung ist mehr, als sie sich in ihren schlimmsten Alpträumen ausgemalt hatten, als sie zustimmten, Frodo zu begleiten. Auch Frodo hatte sich so etwas nicht vorstellen können, als er Beutelsend verließ. Aragorn und Boromir wollen die Kreatur bekämpfen, doch Gandalf sagt: »Flieht! Das ist ein Feind, gegen den ihr alle nichts ausrichten könnt.«[3] Am Ende kann nur Gandalf gegen ihn bestehen und dieser Sieg kostet ihn alles.

Hier ist der Punkt: Es gibt solch ein Wesen, obwohl es vielleicht keine sichtbare Form hat, zumindest nicht die, die Tolkien und die Macher der Filme ihm andichteten.

Doch es ist real.

Im Zentrum der geistlichen Opposition gegen den Schöpfer des Universums steht ein Wesen, das viele Namen hat: Satan, Beelzebub, Teufel, der Böse. Satan war einst ein Engel namens Luzifer, der gegen Gott rebellierte. Er floh aus dem Licht von Gottes Gegenwart, um seinen Thron in der Dunkelheit aufzurichten. Einige andere rebellische Engel gingen mit ihm (Judas 1,6). Jesus sagte über ihn: »Ich sah Satan wie einen Blitz vom Himmel fallen« (Lukas 10,18). Seit dieser Zeit führt Satan Krieg gegen Gott und die, die zu dem Schöpfer des Universums gehören.

Wie auch immer seine Vergangenheit aussieht, der Teufel ist real. Er ist darauf spezialisiert, Licht zu absorbieren, Schatten zu werfen und ein großes Vakuum aus Angst und geistlicher Blindheit hervorzurufen. Er ist ein wahrer Fachmann darin, denen den Weg zu verstellen, die Jesus die Treue geschworen haben, und sie daran zu hindern, das zu tun, was Gott ihnen aufgetragen hat (1. Petrus 5,8–9). Er ist auch ein Meister darin, Menschen davon zu überzeugen, dass es ihn nicht gibt und dass so etwas wie das Böse nicht existiert (Jesaja 5,20). Und er findet Gefallen daran, Menschen zu versklaven, bevor sie eine Chance haben, das Licht zu sehen (Johannes 3,19–20).

Das ist die Lektion, die der Balrog von Moria uns lehrt:

Du bist klein. Dein Feind ist groß.

»Denn wir kämpfen nicht gegen Menschen. Wir kämpfen gegen unsichtbare Mächte und Gewalten, gegen die bösen Geister, die diese finstere Welt beherrschen. Darum greift zu den Waffen Gottes! Wenn dann der schlimme Tag kommt, könnt ihr Widerstand leisten, jeden Feind niederkämpfen und siegreich das Feld behaupten« (Epheser 6,12).

Und was sagt die Bibel dazu?

Nimm dir Zeit, um die folgenden Bibelstellen nachzuschlagen: Jesaja 5,20; Johannes 3,19–20; 1. Petrus 5,8–9

Weiterführende Fragen

- Welche Hinweise auf die Mächte der Finsternis siehst du in deinem täglichen Leben – Mächte, die in unserer Welt am Werk sind?
- Gibt es Personen in deinem Freundeskreis oder in deiner Familie, die diese Tatsache ignorieren?
- Wer ist angesichts dieser Bedrohung in Lähmung, Verzweiflung oder Erschöpfung verfallen?
- Wer scheint sich zur dunklen Seite hingezogen zu fühlen?
- Was wirst du nun tun?

Teil 2: Das Licht wählen

Aber immer noch war Gandalf zu sehen,
schimmernd in der Düsternis;
er sah klein aus und ganz allein; grau und gebeugt
wie ein dürrer Baum, ehe ein Sturm losbricht.

»Die Gefährten« (I, 399)

Wie schafft Gandalf es?

Die Gefährten sind auf der Flucht; der Balrog ist ihnen auf den Fersen. Selbst die Orks sind voller Panik vor ihm geflohen. Gimli ist gerade noch rechtzeitig über den Abgrund »geflogen«; bei den anderen bricht das blanke Entsetzen aus. Während Frodo sich von dem zweiten beinahe tödlichen Schlag dieser Reise erholt, eilen die anderen Gefährten mit nur einem Gedanken durch Gänge und über Treppen zur Brücke von Khazad-dûm: Überleben!

Sie schaffen es gerade noch rechtzeitig und dann dreht sich ihr Anführer um und blockiert den Weg für den Balrog. Der weise alte Gandalf pflanzt seinen Stab auf die Überreste der Steinbrücke und verkündet: »Du kannst nicht vorbei ... ich bin ein Diener des Geheimen Feuers und Gebieter über die Flamme von Anor. Du kannst nicht vorbei. Das dunkle Feuer wird dir nichts nützen, Flamme von Udûn. Geh zurück zu den Schatten! Du kannst nicht vorbei.«[4]

Na, das ist ja mal ein cooler Opa, denken unbelesene Teenager, die im Film sitzen.

Gandalf und der Balrog duellieren sich. Innerhalb von Sekunden ist die Brücke vernichtet und der Balrog stürzt in den Abgrund. Ein kollektives Aufatmen folgt und auch Gandalf dreht sich herum. Doch dann taucht von hinten die Peitschenschnur des Balrog auf, schlingt sich um Gandalfs Bein und reißt ihn mit sich in die Tiefe.

Nach dieser Tragödie haben die Gefährten keine Hoffnung mehr, Gandalf je wieder zu sehen. Aragorn sagt: »Lebewohl, Gandalf! ... Welche Hoffnung haben wir ohne dich?«[5] Sie ziehen nicht einmal in Erwägung, dass dieser Zauberer, über den sie so wenig wissen, mehr Größe und Macht besitzt, als sie annehmen. Sie kennen nur sich selbst und ihre eigenen Möglichkeiten, und keiner von ihnen hätte einen solchen Sturz überlebt. Erst als Gandalf im Wald von Fangorn wieder vor ihnen steht, strahlend und verändert, begreifen sie endlich: Der Kampf gegen die fortschreitende Dunkelheit kann tatsächlich gewonnen werden! Und zwar durch eine Macht und ein Licht, das größer ist als sie selbst.

Und das ist der Punkt.

Du bist klein. Dein Feind ist groß.
Doch dein Gott ist noch viel größer!

Dennoch sind wir nur Kerzen ohne Flamme. Es ist unmöglich, uns selbst zu entzünden.

Jesus sagt: »Ich bin das Licht der Welt. Wer mir folgt, tappt nicht mehr im Dunkeln, sondern hat das Licht und mit ihm das Leben« (Johannes 8,12). Das ist so klar ausgedrückt, dass man sich schon wundert, warum seine Freunde ihn nicht verstanden haben. Sie waren wie die Gefährten, die Gandalf durch die Minen folgten: Sie gingen drei Jahre lang mit Jesus, erlebten hautnah mit, dass er Wunder vollbrachte, Tote zum Leben erweckte und Dämonen austrieb – und trotzdem kapierten sie nicht, dass ihr Freund Gott selbst war, dass Jesus das personifizierte Licht war und immer noch ist.

Hilflos und verzweifelt sahen sie zu, wie Jesus gekreuzigt wurde, und erinnerten sich später noch daran, dass es »dunkel [wurde] im ganzen Land bis um drei Uhr« (Lukas 23,44–45). Sie betrauerten seinen Verlust und fragten sich wahrscheinlich, was sie ohne ihn anfangen sollten. Jetzt, wo das Licht aus der Welt verschwunden war, sahen sie am Horizont der Zukunft nichts als Finsternis.

Doch dann kam Ostern. In den frühen Morgenstunden dieses Tages, als die Jünger sich voller Angst zusammenkauerten, geschah etwas Außergewöhnliches: Das Unmögliche wurde möglich. Der Stoff, aus dem Legenden sind, wurde Realität. Jesus kehrte zurück, genau wie er es versprochen hatte – wie Gandalf auf dem Hügelkamm von Helms Klamm, wie Aragorn auf dem Anduin, wie die Adler im letzten Moment am Schicksalsberg. Die Dunkelheit wurde ein für alle Mal überwunden.

Was geschah wohl mit Jesus in diesen dunklen Stunden zwischen seinem Tod und dem Augenblick der Auferstehung? Das ist ein Geheimnis. Auf jeden Fall wurde er durch dieses Erlebnis so verändert, dass selbst seine besten Freunde ihn nicht auf Anhieb wiedererkannten (kommt uns doch bekannt vor, oder?). Doch die Tatsache bleibt bestehen: Er ist zurückgekehrt. Er lebt. Er hat den Teufel, die Dunkelheit, die Sünde und den Tod besiegt – für immer.

Trotz dieser Tatsache hat Satan noch nicht aufgegeben. Er kämpft und intrigiert noch immer. Wie der Balrog auf der Brücke hat er sich dazu entschlossen, möglichst viele mit in den Abgrund zu reißen, wenn er schon fallen muss.

Denke an den Text von gestern zurück. Für wen hast du gebetet? Worum hast du gebetet? Welche Kämpfe erlebst du in deiner Umgebung? Was kannst du tun?

Die Antwort lautet: Nichts – *jedenfalls nicht auf eigene Faust.*

Gandalf hat die Schlacht gewonnen und ist zurückgekehrt, um seinen Freunden zu helfen. Jesus hat die Schlacht gewonnen und ist zurückgekehrt, um uns zu helfen. Wir müssen uns seiner Leitung unterstellen, um den Angriffen der Dunkelheit widerstehen zu können. Paulus schreibt in einem Brief an die ersten Christen: »Auch ihr gehörtet einst zur Finsternis, ja, ihr wart selbst Finsternis, aber jetzt seid ihr Licht, weil ihr mit dem Herrn verbunden seid. Lebt nun auch als Menschen des Lichts!« (Epheser 5,8).

Was also wirst du tun?

Und was sagt die Bibel dazu?

Nimm dir Zeit, um die folgenden Bibelstellen nachzuschlagen: 2. Samuel 22,29; Johannes 1,1–14; Epheser 5,8–17; 1. Petrus 2,9–12; 1. Johannes 2,9–11

Weiterführende Fragen

- Wie hast du reagiert, als du gelesen oder gesehen hast, dass Gandalf zurückkehrt?
- Die Gefährten haben Gandalf unterschätzt. Wo ging es dir mit Jesus ähnlich?
- Wann und wie hast du versucht, aus eigener Kraft gegen die Dunkelheit zu kämpfen?
- Was bedeutet es, als »Menschen des Lichts« zu leben?
- Was wirst du nun tun?

2. Woche:

Die Wahl zwischen Stolz und Demut

Teil 1: Den Stolz wählen

»Diese Aufgabe mögen die Schwachen mit ebenso viel Hoffnung versuchen wie die Starken. So ist es oft mit Taten, die die Räder der Welt in Bewegung setzen: Kleine Hände vollbringen sie, weil sie müssen, während die Augen der Großen anderswo sind.«
Elrond, in: »Die Gefährten« (I, 328)

Es ist schon seltsam, dass man den Oberbösewicht in »Der Herr der Ringe« nie so richtig zu sehen bekommt, oder?

Mit Ausnahme des kurzen Blicks auf Sauron in Rüstung ganz zu Beginn des ersten Films gibt es keine Szene, in der der Dunkle Herr sich zeigt und die Guten zu Tode erschreckt. Man sieht ihn auch nicht auf dem Thron von Mordor sitzen und Befehle bellen. Er wird nicht gezeigt, wie er im Turm hin und her geht und vor sich hin murmelt: »Ich muss sie aufhalten! Und ich *werde* sie aufhalten!« Tatsächlich ist das Einzige, das man von ihm sieht, dieses riesige, schreckliche Auge, das seinen starren Blick über Mittelerde schweifen lässt.

Es heißt, dass Sauron keinen physischen Körper besitzt. Er hat ihn in der großen Schlacht am Ende des letzten Zeitalters verloren, als Isildur, einer von Aragorns Vorfahren, ihm den Ring samt Finger abschlug. Seitdem ist er nur noch eine Art Schatten, ein Wesen, das so dunkel und furchteinflößend ist, dass seine eigenen Untertanen es kaum ertragen können, in seiner

Nähe zu sein. Er hat große Macht, doch seine Stärke ist nicht physischer Art, sondern psychologischer. Er hat sich selbst davon überzeugt, dass er etwas Größeres sei, als er tatsächlich ist – und jeder glaubt ihm!

Er ist der personifizierte Stolz.

Stolz ist die Quelle jeder Menge Komplikationen und Konflikte in »Der Herr der Ringe« und die treibende Kraft hinter dem Ringkrieg selbst. Er beeinflusst jede Figur, von der wichtigsten bis zur unbedeutendsten, und niemand wird von diesem inneren Kampf verschont. Selbst die Guten, die Mittelerde retten wollen, müssen sich der Versuchung stellen zu denken: *Vielleicht kann ich es allein schaffen. Vielleicht wäre ich stark genug, dem Ring zu widerstehen.* Kurz gesagt, sie sind versucht, Stärke mit Stärke und Stolz mit Stolz zu bekämpfen, in der Hoffnung, dass ihre guten Motive schon verhindern werden, dass der Kampf zu ihren Ungunsten ausgeht.

Doch es geht schief.

Mit der ihm ganz eigenen Klugheit hält Tolkien uns einen Spiegel vor und zwingt uns, uns selbst ins Gesicht zu sehen.

Wenn wir ehrlich sind, ist Stolz auch die Hauptmotivation hinter fast allem, was wir so tun – obwohl unsere Ambitionen natürlich nichts mit denen von Sauron zu tun haben (Gott sei Dank!). Wir streben nur so bescheidene Dinge an wie Einfluss, Bequemlichkeit, Sicherheit und Besitz. Wenn man uns direkt dazu befragt, würden wir aber nicht sagen, dass diese Dinge uns wirklich wichtig sind. Wir würden viel eher unsere Verachtung darüber ausdrücken, dass andere so egoistische Wünsche und Ziele haben, während unsere eigenen Motive moralisch hochwertig sind. Oder aber – und hier wird es wirklich kompliziert – wir geben vor, von unserer eigenen Fehlerhaftigkeit schockiert zu sein, während wir uns tief in unserem Innern doch weit besser finden als die meisten anderen Leute.

Doch es gibt eine Eigenschaft, die noch weitaus gefährlicher ist; man nennt sie *geistlichen Stolz*.

Geistlicher Stolz hat uns dann gepackt, wenn wir unheimlich froh darüber sind, dass wir nicht so sind wie all die anderen. Geistlicher Stolz setzt ein, wenn wir es geschafft haben, eine Sache aufzugeben, die Gott missfällt, und uns dann ... nun, einfach besser fühlen als die anderen. Wir konzentrieren uns auf geistliche Übungen, die wir recht gern machen (wir gehen auf Missionseinsätze, spenden Geld, besuchen alte Leute, gehen sonntags in die Kirche ...) und fühlen uns toll – werden aber blind und taub für das, was Gott eigentlich durch uns vollbringen möchte ... eine stille Revolution der Welt, bei der wir die Bedürfnisse anderer vor unsere eigenen stellen, ganz egal, was uns das kostet.

Jesus hatte die Fähigkeit, aufzudecken, dass die Menschen von Stolz getrieben wurden. Besonders hart ging er mit den Pharisäern ins Gericht, den religiösen Führern dieser Zeit, die meinten, ihre »Gerechtigkeit« mache sie zu etwas Besserem. Dabei wusste Jesus, dass sie im Grunde dieselben weltlichen Dinge begehrten wie alle anderen, aber so taten, als sei dies nicht der Fall. Diese Doppelmoral machte ihn wütend und dieser Wut verlieh er auch Ausdruck. Tatsächlich sollten seine Aussagen über die Pharisäer in Matthäus 23 jeden eines Besseren belehren, der bisher meinte, Jesus sei immer nur sanftmütig und nett gewesen!

Stolz macht uns blind und verhindert, dass wir erkennen, wer wir wirklich sind: kleine Menschen mit großen Problemen, die Hilfe von jemand Größerem brauchen. Stolz hält uns davon ab zu erkennen, was Gott wirklich vorhat in dieser großen Schlacht zwischen Licht und Dunkelheit. Stolz führt dazu, dass wir

Gottes großartiges Handeln verpassen, obwohl es direkt vor unserer Nase geschieht und durch Menschen, denen wir das gar nicht zugetraut hatten (wer hätte zum Beispiel gedacht, dass die Ents von Fangorn doch noch in den Krieg ziehen würden? Oder dass ein ziemlich unbedeutendes Völkchen aus dem Auenland ganz Mittelerde retten würde?).

Wenn wir nicht aufpassen, wird Stolz uns am Ende zu Fall bringen. Ein Sprichwort besagt: »Auf Stolz folgt Sturz, nach Übermut kommt Untergang« (Sprichwörter 16,18). Das ist eine Wahrheit, die wehtun kann – für die guten Kräfte in Mittelerde ist sie zugleich die größte Angst, aber auch die einzige Hoffnung.

Wie Gandalf nur allzu gut weiß, hat Stolz die Macht, die Gemeinschaft der Gefährten zu zerstören, ganz egal, wie gut die Motive der Einzelnen auch sein mögen. Doch Stolz könnte auch der Schlüssel zu Saurons Untergang sein. Gandalf erklärt dies Aragorn, Legolas und Gimli: »Dass wir den Wunsch haben könnten, ihn niederzuwerfen und *niemanden* an seine Stelle zu setzen, ist ein Gedanke, der ihm gar nicht in den Sinn kommt. Dass wir versuchen könnten, den Ring selbst zu zerstören, das stellt er sich auch in seinen dunkelsten Träumen nicht vor.«[6]

Während Saurons Auge an anderen Orten umherschweift und seine Machtposition zu sichern glaubt, muss ein kleiner, verängstigter Hobbit namens Frodo sich ins Herz der Dunkelheit vorkämpfen und den Ring in das Feuer des Schicksalsberges werfen. Es gibt nur eine winzige Chance – aber es könnte gelingen!

Das ist die Lektion, die Sauron uns lehrt:
Dein größter Feind ist dein eigener Stolz.

»Auf Stolz folgt Sturz, nach Übermut kommt Untergang« (Sprichwörter 16,18).

Und was sagt die Bibel dazu?

Nimm dir Zeit, um die folgenden Bibelstellen nachzuschlagen: 2. Samuel 22,28; Sprichwörter 11,2–3; Matthäus 23,23–28; Lukas 18,9–14

Weiterführende Fragen

- Warum ist Stolz so gefährlich?
- Inwiefern könnte Stolz dich blind machen, sodass du dein wahres Wesen nicht erkennen kannst?
- Warum machte die Einstellung der Pharisäer Jesus so wütend (vgl. Matthäus 23)?
- Wo siehst du geistliche Überheblichkeit bei dir oder anderen?
- Was wirst du nun tun?

Teil 2:
Die Demut wählen

»Und ich muss vermutlich allein gehen,
wenn ich das vollbringen und das Auenland retten soll.
Aber ich komme mir sehr klein vor und ganz
entwurzelt und bin – nun ja, verzweifelt.
Der Feind ist so stark und furchtbar.«
Frodo, in: »Die Gefährten« (I, 86)

Frodo macht sich in erster Linie auf die Reise, um das Auenland zu retten. Wenn seine Mission fehlschlägt, sind seine Sicherheit und seine Bequemlichkeit dahin. Doch nach einer Weile merkt er, dass das Auenland nur ein kleines Rädchen im großen Getriebe ist. Tatsächlich wird er es vielleicht letzten Endes gar nicht retten können.

An diesem Punkt könnte er das ganze Unternehmen aufgeben und dem Rat mitteilen, dass sie sich für die Erledigung der Aufgabe einen anderen suchen sollen. Oder er kann den Auftrag als Ringträger annehmen, vielleicht sogar mit einem gewissen Stolz: *Sie vertrauen mir eine solche Aufgabe an – dann muss ich wohl jemand ganz Besonderes sein. Und wie sie mich feiern werden, wenn ich erfolgreich zurückkomme!* Oder er kann sich drittens demütig und still daran machen, diese Aufgabe zu bewältigen, auch wenn er keinerlei persönlichen Vorteil für sich darin erkennen kann.

Und genau dafür entscheidet er sich.

Demut hat mit Mut zu tun. Echte Demut kennt keinen Stolz, aber sie neigt sich vor ihrem Herrn und sagt: »Was soll ich nach deinem Willen tun?«

Vielleicht wurde deshalb ein Hobbit als Ringträger ausgewählt. Hobbits sind kleine Leute und im wahrsten Sinne des Wortes bodenständig. Sie halten sich den Großen und Mächtigen der Welt nicht für ebenbürtig. Im Grunde möchten sie sogar möglichst wenig mit den heldenhaften Taten von Menschen, Zauberern und Elben zu tun haben. In der Konsequenz hat der Ring längst nicht eine so große Anziehungskraft und Macht über sie wie über diejenigen, die sich für etwas Besonderes halten. Obwohl auch Bilbo, Frodo und Sam sich der Anziehungskraft des Ringes nicht ganz entziehen können, widerstehen sie ihr doch weitaus besser als die meisten anderen Protagonisten. Gandalf, der die Hobbits gut kennt, setzt alles auf eine Karte – ihre angeborene Demut.

Weil Frodo demütig ist, ist er bereit zu dienen. Er weiß, dass er nicht alle Antworten kennt, und er ist höchst unsicher darüber, ob er die ihm gestellte Aufgabe erfüllen kann. Doch er ist bereit, es zu versuchen, auch wenn es ihm das Herz bricht, daran zu denken, was dabei alles verloren gehen kann und dass er vielleicht nie mehr zu seinem geliebten Leben im Auenland zurückkehren kann. Er kann sich das glorreiche Ende seiner Taten nicht vorstellen – die große Feier, als Mittelerde wiederhergestellt wird und der wahre König unter dem Jubel seiner Untertanen den Thron von Gondor besteigt.

Auch auf uns wartet am Horizont ein großer Sieg – aber nur, wenn auch wir willens sind, demütig zu sein und das zu tun, was Jesus, unser Herr und Meister, uns aufträgt.

Stell dir vor, du gehörst zu einer Sportmannschaft, die gegen einen schwierigen Gegner antreten muss.

Wenn ihr gewinnen wollt, muss jeder Spieler sich an einige Regeln halten. Zunächst einmal muss jeder auf den Trainer hören. Diese Person ist nicht ohne Grund der Trainer. Er kennt das Spiel und die individuellen Stärken und Schwächen jedes Spielers. Auch den Gegner hat er studiert. Wenn jeder tut, was der Trainer sagt, hat die Mannschaft eine bessere Chance zu gewinnen. Zweitens müssen die Spieler zusammenarbeiten. Wenn jemand sich aufspielen und den großen Star spielen will, ohne die anderen einzubeziehen, wird die Mannschaft verlieren.

Ist das nicht eine Ironie des Schicksals? Man braucht Demut, um zu siegen. Man muss den Wunsch beiseite schieben, die Dinge auf seine eigene Weise zu machen, und stattdessen auf den Trainer hören. Man muss den Wunsch beiseite schieben, selbst im Rampenlicht zu stehen, und stattdessen seinen Mannschaftskameraden dienen. Auf den ersten Blick erscheint das vielleicht hart, doch der Adrenalinstoß beim Sieg und die wilde Party danach wiegen es doch vielfach auf, nicht wahr? Nach dem Sieg denkt man gar nicht mehr an die harte Arbeit. Stattdessen erzählt man sich immer wieder von den tollsten Treffern. Und das alles ist nur möglich geworden, weil du bereit warst, zum Trainer zu sagen: »Was soll ich tun?«

Petrus schrieb (aus eigener Erfahrung): »Beugt euch also unter Gottes starke Hand, damit er euch erhöhen kann, wenn die Zeit gekommen ist« (1. Petrus 5,6).

Das ist die Lektion, die wir von Frodo lernen können, der sich ins Herz des Bösen vorwagt:

Demütiges Dienen ist der Schlüssel zum Sieg.

»Beugt euch also unter Gottes starke Hand, damit er euch erhöhen kann, wenn die Zeit gekommen ist« (1. Petrus 5,6).

Und was sagt die Bibel dazu?

Nimm dir Zeit, um die folgenden Bibelstellen nachzuschlagen: Psalm 45,4; Matthäus 11,29–30; Epheser 4,1–2; 1. Petrus 5,5–6

Weiterführende Fragen

- Was ist der Unterschied zwischen Demütigung und Demut?
- Hast du schon einmal einen großen Sieg erlebt? Wie fühlte sich das an?
- Inwiefern ist Jesus für dich wie ein Trainer?
- In welchen Bereichen deines Lebens beruft er dich dazu, anderen demütig zu dienen?
- Was wirst du nun tun?

3. Woche:

Die Wahl zwischen Korruption und Integrität

Teil 1: Die Korruption wählen

»Aufrechte Menschen lassen sich nicht verführen.
Wir in Minas Tirith sind in langen Jahren der Prüfung standhaft geblieben. Wir trachten nicht nach der Macht von Zauberern, sondern nur nach Stärke,
um uns zu verteidigen, Stärke für eine gerechte Sache.«
Boromir, in: »Die Gefährten« (I, 480)

Das Wort »Korruption« bedeutet unter anderem »Verfall«. Es ist das, was mit einem stabil gebauten Haus passiert, wenn es nicht regelmäßig gewartet und überprüft wird. Feuchtigkeit und Schimmel schleichen sich ein und Schädlinge beknabbern das Holz. Das Fundament wird brüchig und gibt nach. Wenn nicht jemand kommt, nach dem Rechten sieht und die Ursachen des Verfalls abstellt, wird das Haus über kurz oder lang zur Ruine.

Genau das ist mit den Truchsessen von Gondor passiert. Viele Jahrhunderte lang haben sie Gondor regiert, ohne dass der wahre Thronerbe in Sicht gewesen wäre, den sie nur zu gern auf seinen rechtmäßigen Thron gehoben hätten. In dieser Zeit haben sie die Macht allzu sehr lieben gelernt – eine Tatsache, die Gandalfs weitsichtigem Blick nicht verborgen geblieben ist. Da sie sich selbst für beinahe unbesiegbar stark und widerstandsfähig halten (sowohl körperlich als auch seelisch), sind der amtierende Truchsess Denethor und sein Sohn Boromir alles andere als begeistert, als jemand kommt und ihre Motive unter die Lupe nimmt.

Von allen, die mit Frodo unterwegs sind, scheint nur Boromir sich im Rat der Weisen nie wirklich wohl zu fühlen. Er wird ungehalten, als Gandalf auf die geringe Widerstandskraft der Menschen gegenüber der Macht des Ringes hinweist – und noch ungehaltener, als der Rest des Rats Gandalf zustimmt. Er ist nicht willens, irgendjemandem von ihnen verantwortlich zu sein, denn er ist der Meinung, dass seine Sache so wichtig ist, dass schon dies allein jede seiner Handlungen rechtfertigt.

Boromir ist ein stolzer Mann und stammt aus einem stolzen Geschlecht. In dieser Hinsicht ähnelt er seinem Vater Denethor sehr. Seit Jahren hütet Denethor ein großes Geheimnis: Er hat einen der »sehenden Steine«, der *Palantiri*, von denen auch Sauron und Saruman jeweils einen besitzen. Denethor hofft, durch einen heimlichen Blick hier und da Einsichten in die Pläne des Feindes gewinnen zu können. In seinem Stolz und seiner Arroganz denkt er, dass seine guten Absichten ihn vor negativen Konsequenzen schützen werden. Natürlich hält er sich für stark genug, dem Feind zu widerstehen, und er ist irritiert, wenn jemand etwas anderes behauptet.

Denethor und Gandalf sind wie Öl und Wasser; sie lassen sich nicht vermischen. Als der Zauberer in »Die Rückkehr des Königs« endlich Minas Tirith erreicht, will Denethor nichts mit ihm zu tun haben. Er ignoriert Gandalfs unbequeme Fragen und seinen Rat. Bei der bloßen Erwähnung des Wortes »Rechenschaft« oder »Verantwortlichkeit« verzieht er das Gesicht. Warum sollte er, der Truchsess von Gondor, einem vagabundierenden Zauberer Rede und Antwort stehen, der vielleicht sogar mit Sauron unter einer Decke steckt?

Weil Denethors Motive korrupt sind, könnten es aus seiner Sicht auch die von allen anderen sein.

Denethor und Boromir reagieren auf Gandalf wie jemand, der die Fundamente seines Hauses für unzerstörbar hält und dem ein anderer sagt, sie seien instabil. Wenn ein Hausbesitzer klug ist (und demütig genug, um einzusehen, dass es vielleicht ein Problem gibt), wird er der Sache nachgehen; dazu muss er aber zugeben, dass etwas im Argen liegen *könnte*. Boromir kann dies erst, als ein Dutzend Ork-Pfeile in seiner Brust stecken.

Und sein Vater kann es überhaupt nicht.

In dem Wort »Verantwortlichkeit« steckt »Antwort« – man ist jemandem eine Antwort schuldig. Dieser Jemand ist nie beliebt; seine unbequemen Fragen rufen Widerstand hervor. Doch sie sind wichtig. Stell dir vor, ein Gutachter soll ein Haus überprüfen und lässt sich vom Besitzer bestechen, damit er es für stabil erklärt – was aber nicht stimmt. Eine Weile geht das vielleicht noch gut, doch irgendwann wird jemand bemerken, dass da im wahrsten Sinne des Wortes etwas faul ist. Und wenn dann nachgebohrt wird, stellt man fest, dass das ganze Haus eine Ruine ist, weil niemand die Zeichen des Verfalls bemerkt hat, als dieser begann.

Ohne Verantwortlichkeit ist der Verfall vorprogrammiert.

Das gilt auch für den geistlichen Bereich. »Der Mensch hält alles, was er tut, für richtig«, heißt es im Buch der Sprichwörter. »Gott aber prüft die Beweggründe« (Sprichwörter 16,2). Gott prüft unsere Motivation unter anderem durch weise Ratgeber – Mentoren, geistliche Leiter und Lehrer –, die sich trauen, in unserem Seelenleben herumzustochern und die Stabilität unseres geistlichen Tragwerks zu kontrollieren.

Sie sind die Gandalfs und Elronds in unserem Leben. Ohne sie können unsere besten Absichten schnell zu schlechten Ergebnissen führen, die Gottes Ziele sabotieren.

Das gefällt uns natürlich nicht. Wir wollen nicht, dass jemand uns unter die Lupe nimmt. Das bloße Konzept der Verantwortlichkeit passt uns nicht in den Kram. Wir möchten die Fassade unserer Rechtschaffenheit aufrechterhalten (und da ist er wieder, der geistliche Stolz!) und fröhlich weitermachen. Unsere guten Absichten werden uns schon schützen ... und außerdem geht das alles niemanden etwas an, oder?

Dies ist die Lektion, die Boromir und Denethor uns lehren:

Korruption wird möglich, wenn wir uns niemandem verantwortlich fühlen.

»Für die, die ein reines Gewissen haben, ist alles rein.
Für die dagegen, die durch Schuld befleckt sind und
den Glauben aufgegeben haben, ist nichts rein;
ihr ganzes Denken und Fühlen ist beschmutzt«
(Titus 1,15).

Und was sagt die Bibel dazu?

Nimm dir Zeit, um die folgenden Bibelstellen nachzuschlagen: Sprichwörter 10,8–9; 17,11–14; 14,11–12; 15,21–22; 16,2–3

Weiterführende Fragen

- Was sind deiner Meinung nach die treibenden Kräfte hinter deinen Taten? Erstelle eine Liste.
- Wo und wann hast du darin versagt, deine Motive ehrlich zu überprüfen?
- Wie reagierst du, wenn jemand diese Motive in Frage stellt?
- Was sagt dir diese Reaktion über dich selbst?
- Was wirst du nun tun?

Teil 2: Die Integrität wählen

»Dennoch hatte er im Grunde seines Herzens das Gefühl, dass Faramir, obwohl er seinem Bruder sehr ähnlich sah, ein weniger eigennütziger und ernsterer und klügerer Mann war.«
»Die zwei Türme« (II, 313)

Du kommst ein paar Minuten zu spät zu deinem ersten Besuch im Studentenbibelkreis und siehst dich nervös im Raum um. Da gibt es die übliche Gruppe von sehr extrovertierten Christen. Du weißt schon, diejenigen, die Gebetsspaziergänge organisieren und überall Flugblätter verteilen und in einem Seminar vor jedem Kommentar sagen: »Also, ich als gläubiger Christ ...« Außerdem gibt's die üblichen Unauffälligen. Und dann die Überraschung: den Typen, der jetzt nach vorn geht, kennst du doch irgendwoher. Ach ja, von der Party am Freitagabend.

Für deine Anwesenheit auf dieser Party gibt's natürlich völlig legitime Gründe. Du hast nichts getan, das irgendwie nicht in Ordnung gewesen wäre. Aber dieser Typ ... der war wirklich wild drauf. Und heute wirkt er so, als könnte er kein Wässerchen trüben. Er ist eine ganz andere Person – tatsächlich scheint er dich auch nicht wiederzuerkennen. Also spielst du mit und denkst dir: *Na gut, seine Sache. Mal sehen, wie lange er dieses Doppelleben aufrechterhalten kann, bevor er auffliegt.*

So ähnlich geht es Samweis Gamdschie bei seiner ersten Begegnung mit Boromirs Bruder Faramir. Sam steht jedem zunächst einmal misstrauisch gegenüber, bis der Betreffende sich als vertrauenswürdig erwiesen hat. Faramir sieht seinem korrupten Bruder sehr ähnlich und verhält sich auch in weiten Teilen wie dieser. Vor allem im Film macht er zunächst einen sehr zweifelhaften Eindruck. Doch Frodo bemerkt – wie die Leser wissen – etwas an Faramir, das Sam nicht auffällt. Erst nach einer Prüfung seines Charakters erkennt Sam, dass Faramir *integer* ist. Er unterscheidet sich von seinem korrupten Bruder wie der Tag von der Nacht.

Wenn jemand integer ist, ist er »integriert«. Alle Teile passen zusammen und formen ein harmonisches Ganzes mit gesunder Struktur. Wenn ein Teil korrumpiert wird, beginnt der Verfall, und wenn dieses Teil nicht repariert wird, stürzt irgendwann das gesamte Gebäude zusammen.

Das geschieht zum Beispiel dann, wenn in einem Unternehmen eine einzige Abteilung quer schießt. Sagen wir, ein Finanzskandal fliegt auf. Die meisten Mitarbeiter der Firma hatten tatsächlich keine Ahnung, dass etwas Illegales vor sich ging. Wenn doch, hätte jemand Alarm geschlagen (was schließlich auch geschah, denn so ist der Skandal ja schließlich aufgeflogen).

Viele Menschen haben ihr Leben ebenfalls in Bereiche unterteilt: die Bereiche »zu Hause«, »Schule«, »Job«, »Kirche«, »Freunde« und so weiter. Das ist eine Art Verteidigungsmechanismus gegen das Chaos, denn so können wir immer eins nach dem anderen bewältigen, ohne überwältigt zu werden. Probleme entstehen dann, wenn wir in einem Bereich andere Motive und Verhaltensweisen an den Tag legen als in einem anderen. Dann ist es fast, als würden wir eine Persönlichkeitsspaltung erleben. Wir sind nicht länger integriert. Wir verlieren unsere Integrität.

Stell dir vor, wie es ist, in einer Firma angestellt zu sein, bei der ein Finanzskandal auffliegt. Du hattest keine Ahnung, was da läuft. Du fühlst dich verletzt und betrogen und irgendwie abgestoßen – genau so, wie du dich gefühlt hast, als der Bibelstunden-Typ sich als jemand entpuppt hat, der zwei Gesichter trägt. Und andere fühlen sich dir gegenüber genauso, wenn du eine Sache sagst und eine andere tust.

Was unterscheidet also Faramir von seinem Bruder und seinem Vater? Er ist nicht nur ein integrer Mann, dessen »Bereiche« ein harmonisches Ganzes bilden; er ist auch bereit, anderen über seine Taten und Motive Rechenschaft abzulegen und Verantwortung zu übernehmen. Er ist der Einzige aus seiner Familie, der auf Gandalf hört, als dieser seine Schwachstellen beleuchtet. Faramir kennt seine eigenen Grenzen. Ihm ist klar, dass er leicht verführt und »desintegriert« werden kann. Demütig gestattet er Gandalf, ihn zu hinterfragen. Und er erweist sich als treu.

Der Psalmist fragt: »Wie kann ein junger Mensch sein Leben meistern? Indem er tut, was du gesagt hast, Herr« (Psalm 119,9–10). Wenn wir versuchen, unser Leben ganzheitlich zu leben, können wir allein nur scheitern. Wir brauchen Gottes Kraft und Rat. Und wir müssen uns weise Menschen suchen, die – wie Gandalf – als Sprachrohre Gottes fungieren.

Dies ist die Lektion, die wir von Faramir lernen, als er am Henneth Annûn mit der Versuchung des Ringes konfrontiert wird:

Verantwortlichkeit ist der Schlüssel zur Integrität.

»Wer auf hilfreichen Tadel hört, gehört zu den Klugen. Wer Zurechtweisung verwirft, wirft sein Leben fort. Wer sich korrigieren lässt, kommt zu tieferer Einsicht« (Sprichwörter 15,31–32).

Und was sagt die Bibel dazu?

Nimm dir Zeit, um die folgenden Bibelstellen nachzuschlagen: 2. Samuel 22,26–27; Psalm 15; 119,9–10; Sprichwörter 16,20; 22,11; Daniel 6,4; Epheser 4,22–24; 1. Petrus 1,22–23.

Weiterführende Fragen

- Erstelle eine Liste deiner »Lebensbereiche« (Schule, Job, Familie, Freunde, Kirche usw.).
- Wie gut sind diese Bereiche miteinander »verdrahtet«? Wie integer ist dein Leben?
- Was sagt das über deinen wahren Charakter aus?
- Wem könntest du Rechenschaft ablegen, um deine Integrität zu wahren?
- Was wirst du nun tun?

4. Woche:

Die Wahl zwischen Verrat und Loyalität

Teil 1: Den Verrat wählen

»Wir werden nett zu ihnen sein, sehr nett, wenn sie nett zu uns sind, nicht wahr, ja, ja.«
Gollum, in: »Die zwei Türme« (II, 253)

Gemeinsam mit Frodo ist eine der unvergesslichsten Gestalten der gesamten Weltliteratur auf dem unwegsamen Pfad nach Mordor unterwegs:

Gollum.

Als er zum ersten Mal auf der Kinoleinwand erscheint, beugen wir uns in einer Mischung aus Faszination und Abscheu nach vorn. So geht es auch dem Leser der Bücher. Gollum ist der personifizierte Schleim: glitschig und verrottet, innen wie außen.

Gollums Charakter ist so korrupt und zerrissen, dass seine unterschiedlichen Persönlichkeiten tatsächlich Gespräche miteinander führen. Er spricht von sich stets im Plural: »wir« wollen dies, »wir« denken das. Die eine Persönlichkeit scheint Frodo treu ergeben zu sein; die andere möchte ihn bei der ersten Gelegenheit umbringen. Doch beide haben eines gemeinsam: Gollum ist vorrangig daran interessiert, was gut für Gollum ist. Er wird seinem »Herrn« treu sein, solange es ihn seinem wahren Ziel näher bringt – den Einen Ring wieder in seinen Besitz zu bringen.

Die Beziehung zu Gollum ist an Bedingungen geknüpft. Wenn die Hobbits »nett« zu ihm sind, wird auch Gollum nett sein. Wenn der »fette Hobbit« (natürlich Sam) ihn einigermaßen respektvoll behandelt, wird Gollum den Herrn Frodo dahin führen, wo dieser hin möchte. Doch beim kleinsten Hinweis darauf, dass Frodo oder Sam »nicht nett« oder »falsch« sein könnten, beginnt Gollum sofort zu spekulieren, wie er sich an ihnen rächen kann, und das mörderische Spielchen beginnt von vorn.

Der Umgang mit Gollum ist wie ein Spaziergang auf dünnem Eis. Wenn du das schon einmal ausprobiert hast, dann weißt du, wie gespenstisch das sein kann. Das Eis wirkt eigentlich ganz stabil und scheint zu tragen. Doch du hast schon zu viele Geschichten von Menschen gehört, die eingebrochen sind und nie wieder auftauchten. Also tastest du dich langsam vorwärts. Je länger es gut geht, desto sicherer wirst du. Doch beim kleinsten Knistern eilst du schleunigst zum Ufer zurück.

So verhält es sich auch mit vielen Freundschaften. Eine Person erscheint stabil und vertrauenswürdig – doch wer weiß, vielleicht lauert direkt unter der Oberfläche etwas Schlimmes? Oder die Beziehung scheint stark und gesund ... aber nur unter bestimmten Bedingungen. Und manchmal merkt man erst, dass man betrogen wurde, wenn man einbricht und bis zum Hals im Eiswasser steckt.

Ein Mensch, der keine Integrität hat, ist in seiner Loyalität gespalten. In einem Bereich ist er sich selbst der Nächste; in einem anderen ist er Gott oder einem Freund treu. Abhängig von der Situation ist er dann entweder der verlässlichste Freund der Welt – oder eine scheinbar völlig andere Person, der man nicht trauen kann.

Jesus hat am eigenen Leib erfahren, was es heißt, einen solchen »Freund« zu haben. Nicht nur Judas, mit dem er jahrelang herumgezogen war, verriet ihn für lausige 30 Silberstücke an die Priester, sondern auch Petrus, der starke, mutige Jünger (dessen Name ironischerweise »Fels« bedeutet), kippte um und leugnete, Jesus überhaupt zu kennen. Im Bereich »treuer Nachfolger« hatte Petrus schnell große Treueschwüre zur Hand (vgl. Lukas 22,33) und meinte es auch so. Doch nur ein paar Stunden später, im Bereich »Ich habe einen Ruf zu verlieren«, wurde er zu einer völlig anderen Person. Die Bedingungen hatten sich verändert; es war auf einmal nicht mehr cool und ungefährlich, mit Jesus unterwegs zu sein.

In diesem Punkt stehen wir alle am Pranger. Wir sündigen und man versündigt sich an uns. Wir lieben unsere Freunde, doch nur unter bestimmten Bedingungen (wenn sie für uns da sind, wenn sie uns helfen, wenn sie nett sind ...). Und mit Gott springen wir genauso um: »Wenn Gott dies und jenes für mich tut, werde ich das und das für ihn tun.« Doch was ist, wenn Gott partout nicht durch den Reifen springen will, den wir ihm hochhalten? Werden wir dann – wie Gollum – unseren Herrn für »nicht nett« halten und auch selbst nicht mehr »nett« zu ihm sein? Oder werden wir darauf vertrauen, dass unser Herr einen Plan hat, und unter allen Umständen zu ihm stehen?

Dies ist die Lektion, die Gollum uns lehrt, der Frodo und Sam nach Mordor führt:

Eine Beziehung, die an Bedingungen geknüpft ist, wird früher oder später in Verrat enden.

»Niemand kann zwei Herren zugleich dienen.
Er wird den einen vernachlässigen und den andern bevorzugen. Er wird dem einen treu sein und den andern hintergehen« (Matthäus 6,24).

Und was sagt die Bibel dazu?

Nimm dir Zeit, um die folgenden Bibelstellen nachzuschlagen: 1. Samuel 12,20–22; Psalm 25,1–3; Jesaja 59,12–13; Jeremia 3,19–20; Matthäus 20,14–16; 27,1–5.

Weiterführende Fragen

- Wann hast du dich von einem Freund verraten gefühlt? Wie fühlte sich das an?
- Wie hast du reagiert?
- Schau dir noch einmal deine »Bereichsliste« vom letzten Abschnitt an. In welchen Bereichen bist du Gott treu?
- In welchen gehört deine Loyalität jemand oder etwas anderem?
- Was wirst du nun tun?

Teil 2: Die Loyalität wählen

Nun waren sie zum bitteren Ende gekommen.
Aber er [Sam] *hatte die ganze Zeit treu zu seinem Herrn gehalten; darum war er ja auch hauptsächlich mitgekommen, und er würde weiter zu ihm halten. Sein Herr würde nicht allein nach Mordor gehen.*
»Die zwei Türme« (II, 281)

Tja, wo wäre Frodo ohne Sam?

Er wäre nicht weit gekommen, das ist sicher. Sam rettet seinem Freund und Herrn nicht nur immer wieder das Leben, man könnte ihm sogar letztlich die Rettung von Mittelerde zuschreiben, obwohl ihm das sicherlich furchtbar peinlich wäre.

Das liegt daran, dass Sam kaum an Sam denkt. Er zerstückelt sein Leben nicht in unterschiedliche Bereiche, in denen es ihm entweder um die Erfüllung seiner Bedürfnisse geht oder er die Interessen seiner Freunde im Blick hat; er hat nur ein Ziel: seinem Herrn zu folgen. Und dieses Ziel trägt ihn von Hindernis zu Hindernis, er gerät nie ins Stocken und gibt niemals auf. Wenn er am Ende als Held dasteht, prima – das gibt eine tolle Geschichte zum Weitererzählen. Wenn nicht, auch gut. Solange er das Versprechen erfüllt, bei seinem Herrn zu bleiben, ist er mit allem zufrieden, was das Leben so bringt.

Es ist schon seltsam: Wir halten Sam für eine einfache, unkomplizierte Seele – als ob dies es für ihn leichter gemacht hätte, an Frodos Seite zu bleiben. Doch stimmt das wirklich? Sam führt ständig innere Debatten mit sich selbst, ob man »Stinker« oder »Schleicher« (seine Namen für Gollums zwei Persönlichkeiten) trauen sollte. Er diskutiert mit sich selbst darüber, was zu tun ist, nachdem Frodo von Kankra gestochen wurde und niemand mehr da ist, der den Ring zum Schicksalsberg bringen kann. Soll er seinen Herrn – kalt und scheinbar tot – zurücklassen und die Aufgabe zu Ende bringen: den Ring zu zerstören? Oder soll er bei Frodo bleiben, obwohl dies das Scheitern ihrer Mission bedeuten würde? Er trifft seine Entscheidung, doch dann merkt er schnell, dass sie falsch war, und er versucht, sie rückgängig zu machen.

Nein, Entscheidungen fallen auch Sam beileibe nicht leicht. Und selbst er spürt die Versuchung des Ringes in der kurzen Zeit, die er ihn trägt. Er kämpft mit der Frage, was der richtige Weg ist, die loyalste Entscheidung. Was ist das Beste für seinen Herrn? Sam nimmt die Hürden immer eine nach der anderen. Er diskutiert, er denkt laut (in dieser Hinsicht ist er Gollum nicht unähnlich!) und schließlich zieht er es durch.

Und das können wir auch!

Wir haben es so oft gehört, dass wir Jesu Worte beinahe auswendig können: »Wer mir folgen will, muss sich und seine Wünsche aufgeben, sein Kreuz auf sich nehmen und auf meinem Weg hinter mir hergehen, denn wer sein Leben retten will, wird es verlieren. Aber wer sein Leben um meinetwillen verliert, wird es gewinnen« (Matthäus 16,24–25). Jesus spricht hier von bedingungsloser Liebe. Aber ohne Bedingungen zu lieben fällt uns nicht leicht. Wir wollen wissen, was für uns dabei herausspringt. Wir wägen die Risiken ab, und wenn es aussieht, als würden wir mehr verlieren als gewinnen, ziehen wir uns zurück.

Außerdem sind unsere Loyalitäten oft so geteilt, dass allein der Gedanke, sie alle nur auf einen Herrn zu richten, schon erschöpfend ist. Es kostet sehr viel Zeit und Energie, Jesus wirklich zum Herrn all unserer Lebensbereiche zu machen. Doch die Berufung dazu ist an uns ergangen. Entweder teilen wir jeden Aspekt unseres Lebens mit Jesus oder wir gehen überhaupt nicht mit ihm.

Johannes vom Kreuz, ein Mönch des 16. Jahrhunderts, sagte bereits, dass wir nur so lange Opfer zu bringen bereit sind, wie es sich gut anfühlt. Solange es relativ schmerzlos für uns ist, auf Missionseinsätze zu fahren, Geld zu spenden und Leute im Krankenhaus zu besuchen, machen wir es bereitwillig. Doch wenn es unangenehm wird, lichten sich die Reihen schnell. Wie G. K. Chesterton schrieb: »Das christliche Ideal ist nicht geprüft und für gut befunden worden; es ist für schwierig befunden worden und ungeprüft geblieben!«[7]

Unser Charakter wird auf die Probe gestellt, wenn es darum geht, ob wir immer noch bei Jesus bleiben, wenn für uns überhaupt nichts dabei herauszuspringen scheint. Folgen wir ihm auch dann noch weiter nach, wenn unsere Freunde es für total uncool halten? Geben wir weiter unseren Zehnten, wenn unser Konto so weit in den Miesen ist, dass wir schon ganz panisch werden? Besuchen wir Oma Else auch dann im Krankenhaus, wenn sie nicht vor Dankbarkeit dahinschmilzt, sondern launisch ist?

Sams ungeteilte Hingabe ist ein geistliches Vorbild für uns. Und das Tolle an der Nachfolge Jesu ist ja das Folgende: Wenn wir es so richtig vermasselt haben, die falschen Entscheidungen getroffen und unser Herz zerteilt haben, dann schenkt er uns die Gnade, die alles wieder gut macht. Wir haben nie die letzte Chance verpasst, uns als treu zu erweisen. Gott möchte uns mit allem ausrüsten, was wir brauchen, um aufzustehen und es noch einmal zu probieren. Und wenn wir das tun, dann haben wir bald eine gute Geschichte zu erzählen!

Dies ist die Lektion, die wir von Sam Gamdschie lernen können, der bis zum bitteren Ende mit seinem Herrn Frodo ging:

Loyalität erfordert persönliche Opfer.

»Herr, zeige mir den richtigen Weg, damit ich in Treue zu dir mein Leben führe!« (Psalm 86,11).

Und was sagt die Bibel dazu?

Nimm dir Zeit, um die folgenden Bibelstellen nachzuschlagen: 1. Chronik 29,17–19; Sprichwörter 18,24; Prediger 4,9–12; Johannes 15,13.

Weiterführende Fragen

- Wann ist es dir zuletzt schwer gefallen, treu zu Jesus zu stehen?
- Welche Opfer werden von dir gefordert, wenn du deinen Weg weiter mit Jesus gehen willst?
- Was empfindest du, wenn du daran denkst, dass es Gnade und Vergebung gibt, falls du versagst?
- Welche Geschichten wird man sich wohl von dir erzählen, wenn die letzte Seite deines Lebensbuches geschrieben ist?
- Was wirst du nun tun?

5. Woche:

Die Wahl zwischen Uneinigkeit und Vergebung

Teil 1: Die Uneinigkeit wählen

»Wenn diese hübsche Freundlichkeit sich über ganz Mordor verbreiten würde, wäre die Hälfte unserer Schwierigkeiten ausgestanden.«

Sam zu Frodo, in: »Die Rückkehr des Königs« (III, 228)

Im Lande Mordor liegt vieles im Argen – das sind zwar tolle Nachrichten für die guten Mächte von Mittelerde, doch die Gefahr besteht nach wie vor.

Jede Einheit von Orks ist wie ein Körperteil, das die gesamte Maschinerie am Laufen hält. Wenn jedes Teil seine Aufgabe erfüllt, funktioniert der Körper. Doch unter der Oberfläche schwelen Abneigungen und Verrat – das Ergebnis von verletztem Stolz. Die Einheiten brechen ab und zu aus und bekämpfen sich gegenseitig. Und nichts stellt eine größere Bedrohung von Saurons Plänen dar als Uneinigkeit innerhalb der eigenen Reihen.

Wie wird er das also verhindern? Er jagt seinen Untertanen solche Angst vor ihrem Herrn ein, dass sie es nicht wagen, ihm den Gehorsam zu verweigern. Sie sehen von ihren Rangeleien ab, weil sie Sauron mehr fürchten als ihren verletzten Stolz. Doch in dem Moment, in dem sie die kleinste Ausrede finden, sich gegenseitig die Köpfe einzuschlagen, tun sie dies ohne eine Spur von Reue. Ihre Einheit ist nur vorgespielt; tief innen kämpft jeder Ork nur für sich selbst.

Merry und Pippin erleben dies während ihrer Entführung in »Die zwei Türme«. Es scheint zwei Typen von Orks zu geben: die aus Mordor, die den Auftrag haben, die Hobbits zu Sauron zu bringen, und die Uruk-hai aus Isengart, die die Hobbits stattdessen zu Saruman bringen sollen. Es dauert nicht lange, bis die beiden Arten sich gegenseitig an den Hals gehen.

Frodo und Sam finden eine ähnliche Situation vor, als sie die Grenze nach Mordor überschritten haben. Wo sie auch hinkommen, nehmen ihnen offensichtlich die Orks die halbe Arbeit ab, indem sie sich gegenseitig umbringen. Doch die Hobbits wagen es dennoch nicht zu vergessen, dass die Orks noch immer durch ihre Angst vor Sauron und den Wunsch, ihre eigene Haut zu retten, geeint sind. Nach einem Beinahe-Zusammenstoß mit zwei Orks sagt Frodo zu Sam: »Wenn diese beiden uns gesehen hätten, dann hätten sie mit ihrem Streit aufgehört, bis wir tot gewesen wären.«[8]

Sauron weiß, dass Uneinigkeit auch unter seinen Feinden vorhanden ist (obwohl er sie in seinen eigenen Reihen ignoriert). Er zählt auf den natürlichen Egoismus des Einzelnen. Wenn für ihn alles gut läuft, ist die Schlacht schon halb gewonnen, bevor seine Feinde auch nur bis nach Gondor gekommen sind.

Du kennst dieses Prinzip vermutlich auch selbst. Vielleicht hast du es in deiner Familie erlebt. Oder in deiner Gemeinde. Alle scheinen nach außen fröhlich und auf Einheit bedacht, doch unter der Oberfläche gibt es viele verletzte Beziehungen und kleine Kriege, die die Gemeinschaft von innen her vergiften.

Jesus sagte: »Jeder Staat, dessen Machthaber einander befehden, muss untergehen, und keine Stadt oder Familie, in der die Leute miteinander im Streit liegen, kann bestehen« (Matthäus 12,25). Eine Einheit, die durch Eigeninteressen entstanden ist, wird keinen Bestand haben. Das ist ein geistliches Naturgesetz. Eine Ehe beginnt auseinander zu brechen, wenn die Partner nicht mehr einander, sondern sich selbst dienen. Ihr Stolz wird dann leicht verletzt. Sie gestatten Bitterkeit und Verletzungen, unter der Oberfläche zu schwelen, bis die ganze Beziehung mit einem Knall zu Ende geht.

Das kann auch mit einer Gruppe oder Kirchengemeinde passieren. Die Mitglieder scheinen sich auf eine Mission zu konzentrieren, doch in Wirklichkeit verfolgen sie nur ihre eigenen Pläne. Wenn diese bedroht werden, fangen sie an, gegenzusteuern. Und auch dieser Topf kocht bald über.

Wir haben alle »Ork-hafte« Neigungen, wenn wir gezwungen sind, mit anderen Menschen zusammenzuleben und -zuarbeiten. Das gilt besonders für Familien und Gemeinden, in denen wir uns unsere Mitstreiter nämlich nicht aussuchen können. Es herrscht ein enormer Druck, so zu tun, als würden wir uns alle unheimlich gern mögen, während wir gleichzeitig die gesunde Art der Kommunikation vermeiden, die das Ganze erfolgreich zusammenhalten könnte.

Der Böse ist sich dieses Prinzips ebenfalls sehr bewusst, obwohl auch er es in seinen eigenen Reihen ignoriert. Er versucht, Uneinigkeit in das Reich Gottes zu bringen – besonders in die heiligen Gemeinschaften wie Familie und Kirche. Und man muss leider zugeben, dass er beträchtlichen Erfolg damit hat. Ob er sich wohl grinsend zurücklehnt und wohlgefällig das Ergebnis betrachtet?

Dies ist die Lektion, die die Orks uns lehren, die Sauron aus Angst gehorchen, und widerwillig zusammenarbeiten:

Uneinigkeit führt zu Schwäche und Zerfall.

»Ein Hitzkopf erregt Streit; wer schnell aufbraust, macht viele Fehler« (Sprichwörter 29,22).

Und was sagt die Bibel dazu?

Nimm dir Zeit, um die folgenden Bibelstellen nachzuschlagen: Sprichwörter 6,12–14.16–19; 16,28; Römer 13,13–14; Galater 5,19–21.

Weiterführende Fragen

- Wo hast du Uneinigkeit in deiner Gemeinde oder Familie beobachtet?
- Was ist oder war das Ergebnis?
- Wie hat es dich persönlich beeinflusst, besonders im Hinblick auf dein Verhalten in Gemeinde und Familie?
- Hast du schon einmal zugelassen, dass verletzter Stolz oder persönliche Ambitionen dir im Umgang mit anderen in die Quere gekommen sind?
- Was wirst du nun tun?

Teil 2: Die Vergebung wählen

»Indes zeigt sich die Macht des Dunklen Gebieters nirgends deutlicher als in der Entfremdung aller derjeniger, die ihm noch Widerstand leisten.«
Haldir, in: »Die Gefährten« (I, 420)

Wenn es nicht die witzigen Schlagabtausche zwischen Gimli und Legolas gäbe (und die von Merry und Pippin mit den Ents), wäre »Der Herr der Ringe« wahrlich eine finstere Geschichte. Ab und zu muss man einfach einmal laut lachen, wie Tolkien wohl wusste – sonst würde es wohl bald eine wahre Epidemie von selbstmordgefährdeten »LOTR«-Fans geben.

Wir lachen über Gimli und Legolas und ihre gutmütig-lustige Art, miteinander zu wetteifern. Doch etwas Wichtiges sollte dabei nicht in Vergessenheit geraten: Die Geschichte der schwierigen Beziehung zwischen Elben und Zwergen ist gar nicht zum Lachen. Die beiden Rassen leben schon seit Hunderten von Jahren in einer Art Dauerfehde. Die Liste der Verfehlungen und Verletzungen ist auf beiden Seiten sehr lang; Verrat, Mord, Gefangenschaft und Krieg eingeschlossen. Den Elben und Zwergen gelingt es sogar, diesen Zwist in Elronds Rat zu tragen und eine heftige Debatte zu entfachen, die den Rat zu zerschlagen droht. Gandalf interveniert, bevor das Chaos ausbricht.

Ohne Einigkeit ist die Mission der Gefährten zum Scheitern verurteilt. Und der einzige Weg, Einigkeit zu erzielen, ist hier Vergebung zwischen Elben und Zwergen. Wir sind dazu berufen, dasselbe zu tun. Hier geht es allerdings um weit mehr als um politische Korrektheit, Toleranz und all das Zeug, das uns schon seit dem Kindergarten eingetrichtert wird. Wir sollen jede einzelne unserer Beziehungen ganz genau unter die Lupe nehmen – und besonders die in Familie und Gemeinde.

Paulus sagte, dass die Liebe »das Böse nicht nachträgt« (1. Korinther 13,5). Wenn wir einen Menschen wirklich lieben, führen wir keine interne Liste all der bösen Dinge, die er oder sie uns angetan hat. Wir rechnen nicht all die Male zusammen, die ein Bruder uns verletzt oder ein Freund uns im Stich gelassen hat. Wenn wir dies tun, ist es nur allzu verlockend, in einem Streit diese Liste »auszupacken« und sie wie ein Anwalt vor Gericht Punkt für Punkt durchzugehen.

Meist ist uns aber gar nicht bewusst, dass wir eine solche Liste führen. Es ist ein bisschen wie bei einem Topf auf dem Gasherd. Die erste Verletzung entzündet die Flamme. Die nächste heizt sie ein bisschen mehr auf. Und so geht es weiter, bis der Topf überkocht und wir die nächstbeste Person beinahe grundlos angreifen.

Wir sprachen ja schon davon, wie sehr solche Dinge den Feind erfreuen. Die Nachfolger Jesu hatten von Anfang an damit zu kämpfen. Petrus fragte Jesus einmal: »Herr, wenn mein Bruder oder meine Schwester an mir schuldig wird, wie oft muss ich ihnen verzeihen? Siebenmal?«, und Jesus antwortete: »Nein, nicht siebenmal, sondern siebzigmal siebenmal« (Matthäus 18,21–22). Mit anderen Worten: »Vergiss die blöde Liste! Stell den Herd ab. Vergebt einander, ohne einen Rattenschwanz aus vergangenen Verletzungen hinter euch herzuziehen. Tappe nicht in die Falle des Feindes!«

Für die Gefährten ist das eine Sache auf Leben und Tod. Als die gemeinsame Reise losgeht, schießen Legolas und Gimli verbale Pfeile aufeinander ab, die von Gandalf abgemildert werden. Dann, gerade als sie eine Art Waffenstillstand erreicht haben, verlieren sie Gandalf in den Minen von Moria und fliehen nach Lothlórien. Dort, so wird es im Buch beschrieben, bestehen die Elben darauf, dass der Zwerg eine Augenbinde tragen muss, wenn er Galadriels Reich betreten will – oder er wird auf der Stelle getötet. Die Ereignisse eskalieren wieder einmal fast, bis Aragorn den weisen Vorschlag macht, dass allen eine Augenbinde angelegt wird.

Doch erst als Gimli Galadriel selbst begegnet, geschieht echte Heilung: »Und als der Zwerg hörte, dass die Namen in seiner eigenen alten Sprache genannt wurden, hob er den Kopf und sah ihr in die Augen; und ihm schien, als blicke er plötzlich einem Feind ins Herz und sehe dort Liebe und Verständnis.«[9]

Von diesem Tag an sind Gimli und Legolas unzertrennlich. Zwar wetteifern sie auf freundschaftliche Art miteinander, doch es ist klar, dass einer für den anderen sterben würde. Die Liste der Verfehlungen ist ausradiert. Und der dunkle Herrscher von Mordor muss erleben, dass eine solche Freundschaft seine Existenz bedroht.

Dies ist die Lektion, die wir von Legolas und Gimli lernen können, die sich ewige Freundschaft schwören:

Vergebung ist die beste Verteidigung gegen den Feind.

»Ertragt einander! Seid nicht nachtragend,
wenn euch jemand Unrecht getan hat, sondern vergebt einander, so wie der Herr euch vergeben hat«
(Kolosser 3,13).

Und was sagt die Bibel dazu?

Nimm dir Zeit, um die folgenden Bibelstellen nachzuschlagen: Psalm 133,1; Matthäus 6,12–15; Lukas 6,37–38; Römer 15,5; 2. Korinther 2,5–8; Philipper 2,1–2; Kolosser 3,13–15.

Weiterführende Fragen

- Führst du solche inneren Listen, auf denen du die Verfehlungen anderer Menschen notierst?
- Hast du das Gefühl, dass jemand anderer eine solche Liste über dich führt?
- Wenn du und die anderen Mitglieder deiner Familie und Gemeinde ihre Listen löschen würden, welche Auswirkungen hätte das wohl?
- Was kostet es dich, Vergebung auszusprechen und anzunehmen?
- Was wirst du nun tun?

6. Woche:

Die Wahl zwischen Betrug und Ehrlichkeit

Teil 1: Den Betrug wählen

»Und immer hattet Ihr Schlangenzunges Einflüsterungen im Ohr, sie vergifteten Eure Gedanken, entmutigten Euer Herz, schwächten Eure Glieder, während andere es beobachteten und nichts tun konnten, denn er hielt Euren Willen gefangen.«

Gandalf zu König Théoden, in: »Die zwei Türme« (II, 142)

Wenn der Feind einen nicht auf seine Seite ziehen kann, stellt er zumindest sicher, dass man auch der anderen Seite nicht viel nutzen kann. Doch er würde niemanden offen angreifen, um keine Gegenwehr zu provozieren. Stattdessen schiebt er seine Opfer mit langsamen, wohl kalkulierten Schritten auf die Dunkelheit zu. Ganz langsam verdreht er die Wahrheit, bis man nur noch Lügen glaubt. Er vergiftet den Geist seines Opfers, bis es keine Bedrohung mehr für sein Königreich darstellt.

So ist es auch mit Gríma Schlangenzunge.

Man könnte durchaus vermuten, dass er König Théoden einst wirklich geliebt hat. Und dass er einmal tatsächlich das Beste für Rohan im Sinn hatte. Doch irgendwie gerät er unter den Einfluss des Zauberers Saruman, der sich selbst einmal dem Guten verschworen hatte. Vielleicht ist es sogar genau das, was Schlangenzunge ursprünglich dazu verführt hat, ihm Glauben zu schenken. Schritt für Schritt gerät Schlangenzunge stärker unter Sarumans Einfluss, und durch ihn vergiftet dieser auch Théodens Denken, ohne dass der König es überhaupt merkt.

Schließlich ist dieser wirklich alt und hat einige persönliche Schicksalsschläge hinnehmen müssen, wie beispielsweise den Tod seines Sohnes und das vergebliche Warten auf Hilfe aus Gondor. Zuerst sind Schlangenzunges Ratschläge vielleicht sogar wirklich weise gewesen: »Warte ab, handle nicht überstürzt, stelle erst fest, ob es wirklich so schlimm ist, wie es aussieht ... Finde heraus, wer deine wahren Freunde sind, bevor du ihnen Vertrauen schenkst.« Doch nach und nach kümmert Schlangenzunge sich mehr um Schlangenzunge selbst als um den König. Seine Einflüsterungen, verpackt als loyale Ratschläge, dienen in Wirklichkeit nur ihm selbst und sichern seine Machtposition in Rohan.

Obwohl wir nicht die ganze Geschichte darüber kennen, wie Schlangenzunge zu dem geworden ist, was er ist, können wir es uns zusammenreimen: Irgendwann wurde Schlangenzunge bewusst, dass sich eine große Macht in Mittelerde erhebt – eine Macht, der man sich lieber nicht entgegenstellen sollte, wenn einem sein Leben lieb ist. Wenn der König diese Gefahr erkennen und sich zum Kampf entschließen sollte, wäre auch Schlangenzunge gezwungen, an seiner Seite gegen diese Macht ins Feld zu ziehen. Das könnte persönliche Opfer, Schmerzen und sogar den Tod bedeuten – etwas, das Schlangenzunge um jeden Preis vermeiden will. Also beginnt er, sein raffiniertes Netz aus Lügen und Betrug zu spinnen, das Théoden an Ort und Stelle halten, ihn zu einem hilflosen Wrack machen und Schlangenzunges bequeme Stellung und Sicherheit garantieren wird. Und wirklich glaubt nicht nur Théoden nach einer Weile Schlangenzunges Lügen, sondern Schlangenzunge glaubt sie auch selbst.

Wir haben alle dunkle Flecken in unserem Leben, mit denen wir uns lieber nicht allzu intensiv auseinander setzen wollen. Normalerweise geht es dabei um den Gehorsam im Kampf gegen das Böse, etwas, das uns große Opfer, Schmerzen oder Demütigung kosten würde. Vielleicht müssen wir jemandem etwas beichten, das wir ihm lieber nicht sagen würden. Oder wir müssten uns bei jemandem entschuldigen oder eine lieb gewordene Angewohnheit ablegen. Doch unsere Angst vor den Konsequenzen ist schließlich so groß, dass wir immer neue Gründe erfinden, warum wir uns dieser Sache nicht stellen können. Und recht bald beginnen wir, uns selbst zu glauben – und andere ebenfalls davon zu überzeugen.

Oft verbiegen wir die Wahrheit dabei nur ganz leicht, um uns selbst in ein besseres Licht zu rücken oder jemanden zu veranlassen, etwas zu tun. Der Psalmist schreibt dazu: »Menschen, auf die man sich verlassen kann, gibt es immer weniger. Einer belügt den anderen, mit glatter Zunge lobt man einander, aber im Herzen spielt jeder ein doppeltes Spiel« (Psalm 12,2–3), und Paulus stellt fest: »Solche Menschen dienen nicht Christus, unserem Herrn, sondern nur ihren rein menschlichen Neigungen« (Römer 16,18). Das Spielchen ist so alt wie der Garten Eden, aber die Konsequenzen sind immer noch die gleichen.

Was wir nicht bemerken: Wenn wir lügen, sind wir an diese Lüge gebunden, bis alle Betroffenen sie vergessen haben (uns selbst eingeschlossen) oder die Lüge offenbar wird. Innerhalb kürzester Zeit spinnen wir daher ein ganzes Netz von neuen Lügen, um die Ausgangslüge zu stützen. Und es kostet unheimlich viel Kraft, einen solchen »epischen Mythos« aufrechtzuerhalten! Die Wahrheit wird zum Minenfeld, durch das wir so vorsichtig schleichen müssen, dass eigentlich nichts mehr Freude macht. Im Grunde wären die Dinge nicht so schlimm geworden, wenn wir uns den Konsequenzen gestellt und gleich die Wahrheit gesagt hätten.

Schlangenzunge lernt seine Lektion auf die harte Tour. In der Kinoversion sieht man, dass er den vollen Umfang seines Tuns erst begreift, als er in Orthanc an Sarumans Seite steht und die Truppen der Uruk-hai vor ihrem Marsch auf Rohan sieht. Eine einsame Träne stiehlt sich seine Wange hinunter ...

Dies ist die Lektion, die Schlangenzunge uns lehrt: *Die Wahrheit tut niemals so weh wie die Konsequenzen eines Betrugs.*

»Alle, die in der Bindung an Jesus Christus ein Leben führen wollen, das Gott gefällt, werden Verfolgungen erleiden. Die Verführer und Schwindler dagegen bringen es noch weit – auf dem Weg ins Verderben. Betrüger sind sie und selbst Betrogene!« (2. Timotheus 3,12–13).

Und was sagt die Bibel dazu?

Nimm dir Zeit, um die folgenden Bibelstellen nachzuschlagen: Jesaja 59,12–15; Jeremia 7,3–8; Lukas 16,10; Johannes 8,43–47; Römer 16,17–18; Epheser 5,6–7; 1. Johannes 1,8–10.

Weiterführende Fragen

- Erstelle eine Liste (jetzt darfst du es!) der Dinge, die Gott von dir möchte – und die du lieber umgehen würdest.
- Hast du dich selbst (und andere) davon überzeugt, dass du diese Dinge lieber nicht tun solltest? Wie?
- Sieh dir Schlangenzunges Erfahrungen an – was sind die Konsequenzen von Selbstbetrug und Betrug an anderen?
- Was wirst du nun tun?

Teil 2: Die Ehrlichkeit wählen

»Ich verdanke Éomer viel. Ein treues Herz mag eine trotzige Zunge haben.«
Théoden, in: »Die zwei Türme« (II, 142)

Stell dir folgende Situation vor: Drei gute Freunde teilen sich eine Wohnung. Sie sind die Art von Freunden, die eines Tages Trauzeugen auf den Hochzeiten der anderen sein werden. Eines schönen Nachmittags hängen zwei von ihnen zu Hause herum und entdecken zufällig einen Beutel Hasch in der Jacke des Dritten. Die Zeit scheint einen Moment lang still zu stehen. Die beiden überlegen, was zu tun ist. Eine ruhige Diskussion beginnt. Sie werden etwas unternehmen, und zwar sofort. Einer von ihnen tätigt einen Anruf. Der andere geht nervös im Zimmer auf und ab, die Autoschlüssel schon in der Hand. Dann setzen sie sich hin und warten.

Als ihr Freund eine Stunde später hereinkommt, überreden sie ihn, mit ihnen einen trinken zu gehen. Im Auto stellen sie ihn dann zur Rede.

»Wir haben den Stoff gefunden.«

»Wir wissen ja nicht, ob du das Zeug selbst nimmst und wie lange schon ...«

»... aber das ist auch nicht der Punkt. Du bist uns wichtig, Mann. Wir fahren deshalb jetzt zu jemandem, der dir helfen kann.«

»Und bevor du ausflippst, müssen wir dir noch etwas anderes sagen: Wenn wir sehen würden, dass du

Gefahr läufst, von einem Laster überfahren zu werden, würden wir uns jederzeit davor werfen, um dich zu retten. Also glaub uns bitte, dass wir so ziemlich alles für dich tun würden!«

Stell dir vor, wie es wohl ist, der dritte Freund zu sein. Was wäre deine erste spontane Reaktion? Welche gegensätzlichen Emotionen würden in deinem Inneren toben? Wie wäre es wohl, wenn deine Freunde ihre Nase in deine Angelegenheiten stecken? Wie würde es sich anfühlen, wenn dir jemand so klar und unverblümt sagt, dass er sich um dich sorgt?

Und jetzt stell dir vor, du wärst einer der anderen beiden Freunde. Wie hättest du spontan auf die Entdeckung der Drogen reagiert? Wie würde es sich anfühlen zu wissen, dass du ihn darauf ansprechen musst, weil er sich sonst vielleicht selbst zerstört? Was wärst du aus Zuneigung zu deinem Freund bereit zu tun?

Willkommen in Éomers Welt!

Er ist sich schmerzlich bewusst, dass sein Onkel, König Théoden, immer tiefer in Schwäche und Vergessen versinkt. Irgendwie ist es Schlangenzunge gelungen, sich selbst zu Théodens rechter Hand zu machen, und Théoden sagt und tut die unköniglichsten Dinge, weil er von dem Netz aus Lügen, das Schlangenzunge um ihn gewebt hat, vollkommen gelähmt ist. Éomer möchte nichts lieber tun, als den König mit der Wahrheit zu konfrontieren, die dunklen Vorhänge beiseite zu reißen, die über seiner Seele liegen, und das Licht hineinzulassen.

Viele von uns haben Freunde oder Familienmitglieder wie Théoden. Wir beobachten, dass sie nach und nach in einer Scheinwelt versinken. Vielleicht leiden sie an einer Sucht, die sie nicht lassen können und wollen. Vielleicht sind sie auch »nur« geistlich taub geworden. Oder sie befinden sich in offener Rebellion gegen Gott. Was es auch ist – sie erschaffen sich ihre eigene Realität und stützen sie mit sämtlichen Ausreden und Argumenten, die sie finden können. Weil sie Angst haben, dass jemand die Wahrheit herausfinden könnte, kapseln sie sich von Freunden, Familie und Gemeinde ab, damit niemand ihnen auf die Schliche kommen kann. Wir sehen, dass sie wegdriften, obwohl wir nichts lieber tun würden, als ihnen nachzuschwimmen und sie wieder an Land zu ziehen. Doch aus Angst, sie noch weiter wegzutreiben, sagen und unternehmen wir nichts.

Éomer dagegen unternimmt etwas. Tolkien schildert zwar nicht, was vor Gandalfs Ankunft schon alles in Théodens Halle geschehen ist, doch er vermittelt uns den Eindruck, dass Éomer schon oft seine Meinung geäußert und die Wahrheit ausgesprochen hat, ob der König sie nun hören wollte oder nicht. Wenn ihm das als Treulosigkeit ausgelegt wird – nun, dann sei es eben so. Er weiß, dass er treu ist. Seine Liebe zum König veranlasst ihn, die Wahrheit auszusprechen. Und wenn er dafür leiden muss, die Gunst des Königs verliert, eingesperrt oder verbannt wird oder Schlimmeres – auf lange Sicht ist das immer noch ein geringer Preis, wenn dadurch die Seele des Königs gerettet wird.

Warum ist es nur *so schrecklich schwer,* so etwas im wahren Leben zu tun?

In dieser realen Schlacht bekommen wir es mit unserer gesellschaftlichen Kultur zu tun. Die Aussage: »Das geht dich gar nichts an« fasst die allgemeine Haltung ganz gut zusammen. Nur nicht einmischen – und da bilden die wenigsten von uns eine Ausnahme. Wir sind so sehr in einer Kultur gefangen, in der die Autonomie des Einzelnen unantastbar ist, dass wir gar nicht mehr merken, wie fest sie uns in den Klauen hat – bis jemand es wagt, uns mit einem Fehlverhalten zu konfrontieren (oder bis wir gnadenlos scheitern). Dann schlägt die Realität in ganzer Härte zu: Unser Handeln ist destruktiv. Es schadet anderen. Wir haben eine Lüge gelebt.

Der Apostel Jakobus sagt es in Jakobus 5, Verse 19 bis 20 sehr deutlich (siehe unten).

Dies ist die Lektion, die wir von Éomer lernen, der zu König Théoden ehrlich ist:

Liebe wagt es, die Wahrheit zu sagen, egal, was es sie kostet.

»Meine Brüder, wenn jemand unter euch vom rechten Weg abirrt und ein anderer bringt ihn zur Umkehr, dann soll der wissen: Wer einen Menschen, der sündigt, von seinem Irrweg abbringt, rettet ihn vor dem Tod und macht viele eigene Sünden gut«
(Jakobus 5,19–20).

Und was sagt die Bibel dazu?

Nimm dir Zeit, um die folgenden Bibelstellen nachzuschlagen: Psalm 51,3–6; Sprichwörter 12,17–22; 1. Korinther 13,6; Epheser 4,14–16; 6,14; Kolosser 3,9–10.

Weiterführende Fragen

- Wann hat jemand zuletzt den Mut bewiesen, ehrlich zu dir zu sein?
- Was war das Ergebnis dieser Entscheidung?
- Wen müsstest du dringend mit der Wahrheit konfrontieren? Warum?
- Was hält dich zurück?
- Was wirst du nun tun?

7. Woche:

Die Wahl zwischen Gebundenheit und Freiheit

Teil 1: Die Gebundenheit wählen

»Nun, Herr, schaut auf Euer Land!
Atmet wieder die frische Luft!«
Gandalf zu König Théoden, in: »Die zwei Türme« (II, 135)

König Théoden ist vollkommen machtlos geworden. Vielleicht ist dies Schlangenzunges Werk, vielleicht das von Saruman. Vielleicht hätten die Untertanen des Königs seinen Neffen Éomer in seiner Ehrlichkeit unterstützen sollen, um ihren König vor dem langsamen Verfall zu retten. All diese Faktoren haben sicherlich zu dem Problem beigetragen. Doch als der König schließlich und endlich wieder zu sich kommt, gibt er mit Recht zu, dass er im Grunde niemandem als sich selbst die Schuld an der Situation geben kann. Er allein hat die Entscheidung getroffen, sich voller Angst vor der dunklen Bedrohung der Zukunft zu verstecken.

Angst treibt uns zu den seltsamsten Taten – oder dazu, gar nichts mehr zu tun. Die Angst vor der Wahrheit lässt uns Halbwahrheiten verbreiten, die zu Lügen werden, und schließlich wird unser ganzes Leben eine Lüge. Die Angst vor Zurückweisung oder Verrat hält uns davon ab, uns vor anderen verletzlich zu machen, bis wir jedes Gefühl für echte Freundschaft verlieren. Die Angst vor der Einsamkeit veranlasst uns dazu, uns so an andere Menschen zu klammern, dass wir nie mehr einen Augenblick mit uns allein sein können, um nachzudenken und zu erkennen, wer wir eigentlich sind. Die Angst vor dem Versagen lähmt uns, bis wir schließlich überhaupt nichts mehr zu Stande bringen.

Was wir oft nicht merken, ist eine traurige Tatsache: Wenn wir aus Angst handeln, hat die Angst die Herrschaft über uns gewonnen. Nehmen wir zum Beispiel das Thema Versagen. Wir kennen alle den Spruch: »Wenn du hinfällst, musst du wieder aufstehen und es noch einmal versuchen.« Doch meist gehen wir eher wie die Zeichentrickfigur Homer Simpson an die Herausforderungen des Lebens heran: »Ein Versuch ist der erste Schritt zum Versagen.« Warum es also überhaupt probieren? Wenn wir nichts tun, sind wir auch nicht für irgendwelche Folgen verantwortlich. Doch damit haben wir uns auch selbst ins Abseits gestellt. Wir sind nicht mehr in der Lage, die Zukunft in bedeutsamer Weise zu beeinflussen. Wir haben die Tür hinter uns zufallen lassen. Und im Gegensatz zu dem, was wir uns selbst einreden wollen, ist Untätigkeit für Gott ebenso eine Sünde wie aktive Rebellion gegen ihn.

Jesus hat ein Gleichnis darüber erzählt: Ein reicher Mann verreist und vertraut jedem seiner drei Verwalter eine Geldsumme an, die sie investieren sollen. Die ersten beiden legen das Geld gut an und vermehren es. Doch der dritte, wohl wissend, dass sein Herr anspruchsvoll ist, vergräbt das Geld einfach bis zu dessen Rückkehr. Sein Herr ist wütend. Natürlich hätte der Verwalter alles Geld verlieren können, wenn er es investiert hätte, doch das wäre dem Herrn lieber gewesen als seine Untätigkeit. Er wirft den Mann hinaus »in die Dunkelheit, wo es nur noch Jammern und Zähneknirschen gibt« (Matthäus 25,30). Die Weigerung des Verwalters zu handeln führte zu einem schlimmeren Ergebnis, als wenn er etwas riskiert und vielleicht versagt hätte.

Die Geschichte hat schon vielfach die Wahrheit dieser Parabel belegt. Der 2. Weltkrieg beispielsweise war eine finstere Zeit, in der der richtige Weg auch für friedliebende Menschen nicht leicht zu erkennen war. Selbst als Männer wie Churchill zum Handeln aufriefen, zögerten die Menschen noch, etwas zu tun. Einige wenige Christen aber gingen offen gegen die Dunkelheit vor. Einer von ihnen war Dietrich Bonhoeffer, ein Pastor, der schließlich wegen einer Verschwörung gegen Hitler von den Nazis hingerichtet wurde. Bonhoeffer schrieb: »Nur zu warten und zu schauen ist kein christliches Verhalten. Der Christ ist zur Sympathie und zum Handeln berufen.«[10] Hätte Bonhoeffer nicht gehandelt, hätte er sich selbst in ein geistliches Gefängnis befördert, das weit schlimmer gewesen wäre als alles, was die Nazis ihm antun konnten.

In dem Moment, in dem wir unseren Ängsten ehrlich und tapfer ins Gesicht blicken, wird das Schloss an unserem selbst gebauten Gefängnis gesprengt und die Tür zur Freiheit steht weit offen. Als Théoden endlich erwacht, wendet er sich Gandalf zu und fragt: »Welches ist Euer Rat?«. Gandalf antwortet: »Ihr habt ihn schon angenommen. [...] Euer Vertrauen auf Éomer zu setzen und nicht auf einen Mann von unaufrichtiger Gesinnung. Trauer und Furcht abschütteln. Die nächstliegende Tat tun.«[11]

Dies ist die Lektion, die Théoden uns lehrt, der einer unsicheren Zukunft entgegensieht.

Das, was du fürchtest, hat die Herrschaft über dich.

»Wem ihr euch als Sklaven unterstellt, dem müsst ihr dienen. Entweder ihr wählt die Sünde; dann werdet ihr sterben. Oder ihr wählt den Gehorsam; dann werdet ihr vor dem Gericht Gottes bestehen können«
(Römer 6,16).

Und was sagt die Bibel dazu?

Nimm dir Zeit, um die folgenden Bibelstellen nachzuschlagen: Psalm 107,10–16; Sprichwörter 29,25; Apostelgeschichte 8,22–23; Römer 6,12–14; Galater 3,22–23; Kolosser 2,8; 1. Johannes 4,18.

Weiterführende Fragen

- Kennst du jemanden, der in Sünden oder Ängsten gefangen ist?
- Wie beeinflusst dies seine oder deine Fähigkeit zum Handeln?
- Erstelle eine Liste deiner eigenen größten Ängste. Was ist die Wurzel dieser Ängste?
- Inwiefern bist du durch diese Ängste gebunden? Mit anderen Worten: Wo haben sie Macht über dich?
- Was wirst du nun tun?

Teil 2: Die Freiheit wählen

»Was fürchtet Ihr, Herrin?«, fragte er.
»Einen Käfig«, sagte sie. »Hinter Gittern zu bleiben, bis Gewohnheit und hohes Alter sich damit abfinden und alle Aussichten, große Taten zu vollbringen, unwiderruflich dahin sind und auch gar nicht mehr ersehnt werden.«
Aragorn und Éowyn, in: »Die Rückkehr des Königs« (III, 60–61)

Johannes Calvin, der bekannte Reformator des 16. Jahrhunderts, sagte, dass die meisten Menschen drei Dinge fürchten: Armut, Unbekanntheit und Demut.

Warum gerade diese drei? Was haben sie gemeinsam? Nun, alle bedeuten Opfer. Armut erfordert das Aufgeben von materiellen Wünschen. Unbekanntheit kostet uns den Wunsch, uns einen Namen zu machen. Und Demut bedeutet, dass wir unsere persönlichen Bedürfnisse zurückstellen.

Doch noch wichtiger ist, dass alle drei einen gewissen Freiheitsverlust beinhalten: die Freiheit zu besitzen, was man möchte; zu kontrollieren, was man möchte; zu tun, was man möchte. In Armut, Unbekanntheit und Demut sind wir gezwungen, uns dem Willen eines anderen zu beugen. Zumindest sieht es von außen so aus. Für die, die diesen Weg aus freudigem Gehorsam heraus gewählt haben, wird durch diese drei Eigenschaften erst die Tür zur Freiheit geöffnet.

Es ist jedoch ein Konzept, das nur wenige Menschen verstehen. Auch Éowyn hat damit zunächst ihre Schwierigkeiten.

Sie ist eine Königstochter, geboren, um Menschen zu führen und zu herrschen. Zwar ist sie bereit, anderen die Hauptrolle zu überlassen, doch nur solchen, die sie für würdig erachtet (was Théoden und Aragorn einschließt), und nur, wenn sie selbst die zweite Hauptrolle spielt. Wie Faramir so schmerzlich treffend festhält, hat sie Aragorn geliebt, »weil er edel und mächtig ist und Ihr nach Ruhm und Glanz trachtetet und über die gemeinen Wesen, die auf der Erde kriechen, weit erhaben sein wolltet«.[12] Autsch!

Éowyn glaubt, dass sie zu Großem geboren ist. Und das ist ja auch nicht weit von der Wahrheit entfernt. Doch ihre Definition von »Größe« impliziert die Herrschaft über Mittelerde. Selbst nachdem sie bei der Vernichtung des Königs der Ringgeister ihren großen Auftritt hatte – wahrlich eine heldenhafte Tat! –, ist sie weiterhin ruhelos und läuft auf den Mauern von Minas Tirith wie ein Tiger im Käfig ihrer eigenen Seele auf und ab – in Erwartung von Neuigkeiten aus der Schlacht. Als sie dann zum ersten Mal von dem Masterplan für ihre Zukunft erfährt, will sie ihn nicht akzeptieren, weil sie glaubt, dass ein anderer Weg – ihr eigener – den Schlüssel zur Freiheit bedeutet.

Im Herzen dieses Verhaltens verbirgt sich die Angst vor der Unbekanntheit; die Angst, dass ihr Name in Vergessenheit geraten könnte, bevor ihr Leben überhaupt zu Ende ist. Unbekanntheit ... das beschreibt auch die tägliche Härte, in einem Job zu arbeiten, für den man überqualifiziert ist und in dem man nicht geschätzt wird; das vergessene Namensschild an der Tür von Zimmer 11 in einem Pflegeheim; seine Tage zu beenden, ohne etwas Wichtiges zum Lauf der menschlichen Geschichte beigetragen zu haben – das ist ein Leben in Unbekanntheit.

Wir sind alle zu Höherem geboren – das erzählen uns zumindest unsere Lehrer und Eltern. Und zu einem gewissen Grad ist es auch wahr. Wir sind alle aus einem bestimmten Grund geboren, mit speziellen Gaben und Talenten und Fähigkeiten, die Gott uns gegeben hat, um die Welt zu einem besseren Ort zu machen. Mit der Zeit, wenn wir uns Gottes Masterplan unterstellen und ihn immer besser kennen lernen, wird unser Gefühl für unsere Identität und unseren Lebenszweck immer klarer. Das Problem ist nur, dass wir Größe zu unseren Bedingungen erreichen wollen, nicht zu denen, die Gott im Sinn hat. Wir sind nicht immer willens, uns von ihm unseren Weg vorschreiben zu lassen oder uns auf die Weise einzusetzen, die ihm richtig erscheint. Wenn Gott uns nicht da hinstellt, wo wir uns richtig platziert sehen, mit den »richtigen« Leuten und bei den »richtigen« Dingen, dann beginnen wir ruhelos im Käfig unserer Seelen auf und ab zu gehen.

Doch es ist nun einmal so, dass Gottes Kinder oft zu Dingen berufen sind, die auf den ersten Blick ziemlich unspektakulär erscheinen. Wir sollen für unsere alten Großeltern sorgen oder hinter den Kulissen in langweiligen Jobs arbeiten oder unendlich viele Windeln wechseln und Wäscheladungen auf- und abhängen, bis wir keine Socken mehr sehen können. All das mag sich zwischen den großen Taten dieser Zeit wie eine unbedeutende Kleinigkeit anfühlen, aber aus Gottes Perspektive sind es wichtige Details in dem sich ständig weiterspinnenden Zeitfaden der Geschichte, ohne die alles ganz anders aussehen würde.

Denk zurück an das Gleichnis aus dem Matthäus-Evangelium. Der reiche Herr sagt zu den beiden guten

Verwaltern: »Sehr gut, du bist ein tüchtiger und treuer Diener. Du hast dich in kleinen Dingen als zuverlässig erwiesen, darum werde ich dir auch Größeres anvertrauen. Komm zum Freudenfest deines Herrn!« (Matthäus 25,21). Die kleinen, alltäglichen Dinge zählen nicht nur in Gottes großem Plan, sondern sie können auch große Freude in sich bergen! Wir werden von der Fessel unserer Ängste befreit, können ohne die Last der Großartigkeit entspannt unser Leben führen und zufrieden den Lauf der Dinge beobachten, den Gott in der Hand hat.

Als Éowyn endlich den Wunsch loslässt, ihre Art von Größe zu erreichen, erlangt sie die Freiheit, Faramir zu lieben, den Menschen zu dienen, die ihr anvertraut sind, und ihre wahre Berufung als Heilerin zu entdecken statt als Kriegerkönigin.

Dies ist die Lektion, die wir von Éowyn lernen können, die mit Faramir an ihrer Seite auf den Mauern von Minas Tirith wandert:

Sich Gottes großem Plan zu unterstellen ist der Schlüssel zur wahren Freiheit.

»Gott hat euch zur Freiheit berufen, meine Brüder und Schwestern! Aber missbraucht eure Freiheit nicht als Freibrief zur Befriedigung eurer selbstsüchtigen Wünsche, sondern dient einander in Liebe«
(Galater 5,1).

Und was sagt die Bibel dazu?

Nimm dir Zeit, um die folgenden Bibelstellen nachzuschlagen: Psalm 118,5–6; Johannes 8,32–36; Römer 6,20–22; 2. Korinther 3,17; Galater 4,1–7; 5,13; 1. Petrus 2,16.

Weiterführende Fragen

- Warum haben Menschen Angst davor, dass man sie nicht bemerkt?
- Wie sehen deine Träume von etwas Höherem aus?
- Wann bist du zuletzt zu einer Tätigkeit berufen worden, die dir klein und unbedeutend erschien? Wie kamst du dir dabei vor?
- Hast du schon einmal Hinweise dafür entdeckt, dass es zu Freiheit und Freude führt, wenn man das tut, was Gott für einen geplant hat?
- Was wirst du nun tun?

8. Woche:

Die Wahl zwischen Kontrolle und Dienstbereitschaft

Teil 1: Die Kontrolle wählen

»Wenn die Macht wächst, werden ihre erprobten
Freunde auch wachsen.
Und die Weisen wie du und ich werden mit Geduld
schließlich so weit kommen,
dass wir ihr Verhalten lenken, sie kontrollieren.«
Saruman zu Gandalf, in: »Die Gefährten« (I, 315)

Auch Saruman strebt nach Größe, nach Bedeutung. Doch anders als Éowyn ist sie ihm großzügigerweise gegeben worden.

Die Mitglieder des Rats der Weisen, bestehend aus Gandalf, Galadriel, Elrond und anderen, haben Saruman den Weißen auserwählt, ihr Leiter zu sein, obwohl Galadriel Gandalf für den besseren Anführer hielt. Saruman erweist sich zunächst als gute Wahl und führt sie durch viele schwierige Entscheidungen, wobei er seine Position nur dazu nutzt, anderen zu dienen. Er übernimmt sogar die schwere Aufgabe, die Geschichte des Einen Rings zu studieren, Saurons Motive zu analysieren und den Ring möglicherweise zu finden, bevor Sauron dies gelingt. Doch wie so viele andere wird auch Saruman bald von der Aussicht auf absolute Macht korrumpiert. Bald ist das Hauptmotiv seines Handelns, immer mehr Kontrolle über die Kreaturen von Mittelerde zu gewinnen, eingeschlossen die, die ihr Vertrauen auf ihn gesetzt haben.

Warum merken dies die Weisen (mit Ausnahme von Galadriel) nicht früher? Es ist ja nicht so, dass Saruman von Anfang an besonders mächtig oder beeindruckend gewesen wäre. Seine Stimme, obwohl sie eine geradezu verzaubernde Wirkung auf andere hat, beeinflusst die Mitglieder des Rats längst nicht so wie die Massen. Nein, seine wahre Stärke liegt in der Vertrautheit. Die Mitglieder des Rats kennen ihn als Freund und Kameraden. Er hat sich als vertrauenswürdig erwiesen und sich ihre Zuneigung verdient. Bis zu diesem Punkt sind auch seine Führungsqualitäten ohne Fehl und Tadel. Warum sollen sie ihn nun auf einmal anzweifeln?

Wenn ein offener Anhänger Saurons vor den Rat getreten wäre und die Vorschläge angebracht hätte, die Saruman macht, wäre niemand darauf eingegangen. Man hätte jedes Wort mit wachsamem Misstrauen angehört und schnell die üblen Pläne durchschaut, die sich dahinter verbergen. Doch weil Saruman bekannt ist und sie ihm vertrauen, kann er die Diskussionen und Entscheidungen so manipulieren, wie es ihm gefällt, ohne dass jemand Verdacht schöpft. Er missbraucht das Vertrauen der anderen bis zu dem Augenblick, in dem er von dem Ringfund erfährt. Dann enthüllt er voller Hass sein wahres Ich. Wie Gandalf reflektiert: »Nichts, was wir in letzter Zeit erduldet haben, schien so schmerzlich zu sein wie Isengarts Verrat.«[13]

Die wenigsten von uns müssen sich solche hinterhältigen Ziele vorwerfen lassen. Doch wir alle haben schon die Menschen verletzt, die uns am besten kennen und am meisten lieben – Eltern, Geschwister, Freunde.

Chesterfield sagte einmal: »Die meisten Menschen genießen die Unterlegenheit ihrer Freunde.«[14] Es geht also um Kontrolle. Je mehr andere zu uns aufsehen, desto besser können wir sie beeinflussen, damit sie tun, was wir wollen. Es passiert darüber hinaus so leicht, dass man die Liebe seiner Familie für selbstverständlich hält. Wir vergessen, dass Liebe ein Geschenk ist – nicht etwas, das man verdient. Und oft behandeln wir sie dann wie Untergebene.

Wenn wir ehrlich sind, finden wir viele Menschen einfach sehr nützlich. Das beginnt schon sehr früh im Leben: Unsere Eltern sind für uns zu so ziemlich allem bereit – sehr praktisch! Unsere Geschwister haben einige Wünsche, die wir auch haben – sehr nützlich, wenn schwere Geschütze aufgefahren werden müssen, um bei den Eltern etwas durchzusetzen. Unsere Mitschüler und Freunde besitzen Dinge (CDs, Klamotten, Autos etc.), die wir uns gern einmal ausleihen. Je mehr Kontrolle wir über sie ausüben können, desto nützlicher sind sie für uns.

Jesus hatte sehr harte Worte für solch ein Verhalten. Die Pharisäer waren sein Lieblingsbeispiel, denn sie waren nicht nur voller geistlichem Stolz, sondern sie nutzten auch ihr Ansehen im Volk, um die Menschen zu manipulieren. Doch Jesus zeigte ihnen, dass er ihre Motive durchschaute: »Wehe euch« (Lukas 11,43). Das Wort »Wehe« verwendete Jesus nicht leichtfertig. Eigentlich bedeutet es: »Bereitet euch auf euren Untergang vor!«

Gelegentlich merken unsere Angehörigen, was gespielt wird, und rufen uns zur Verantwortung. Doch meist, wenn wir subtil genug vorgehen, merken sie nichts von unseren Spielchen, bis wir sie ernstlich verletzt haben.

Dies ist die Lektion, die das Beispiel von Saruman uns lehrt, der das Vertrauen seiner Mitmenschen missbraucht:

Unser Wunsch nach Kontrolle wird die Menschen verletzen, die uns lieben.

»Die Herrscher der Völker, die Großen in der Welt, unterdrücken ihre Leute und lassen sie ihre Macht spüren. Bei euch muss es anders sein! Wer von euch etwas Besonderes sein will, soll den anderen dienen, und wer von euch an der Spitze stehen will, soll sich allen unterordnen«
(Matthäus 20,25–26).

Und was sagt die Bibel dazu?

Nimm dir Zeit, um die folgenden Bibelstellen nachzuschlagen: Matthäus 23,1–7; Lukas 14,7–11; 2. Korinther 1,24; Titus 3,1–2; 1. Petrus 5,1–3; Judas 1,16–19.

Weiterführende Fragen

- Wie ist es wohl, wenn man einen Freund oder Angehörigen hat, der versucht, einen zu manipulieren?
- Wie fühlt es sich an, wenn du von einem Freund oder Familienmitglied einfach als »nützlich« betrachtet wirst?
- Inwiefern behandelst du andere Menschen so?
- Nimmst du manchmal die Liebe anderer für selbstverständlich?
- Was wirst du nun tun?

Teil 2: Die Dienstbereitschaft wählen

»Meinst du wirklich, dass Streicher zum Volk der alten Könige gehört?«, fragte Frodo erstaunt.
»Ich dachte, sie seien alle schon lange verschwunden. Ich dachte, er sei nur ein Waldläufer.«
»Die Gefährten« (I, 269)

Wenn es in »Der Herr der Ringe« jemanden gibt, der zu Höherem berufen ist, dann ist das Aragorn, Sohn des Arathorn, der Thronerbe von Gondor. Ihm wird, wie Saruman, vom Rat der Weisen große Führungsverantwortung übertragen, denn sie kennen seine wahre Identität und Bestimmung schon seit seiner Geburt. Er ist der Eine, auf den die Bewohner von Mittelerde schon seit Jahrhunderten warten. Doch anstatt seine Position auszunutzen, um seine eigenen Pläne und Wünsche zu verwirklichen, scheint Aragorn die Unbekanntheit vorzuziehen – beinahe, als habe er gar keine persönlichen Ambitionen.

Tatsächlich hat Aragorn, als Frodo ihm im »Tänzelnden Pony« zum ersten Mal begegnet, den größten Teil seines Erwachsenenlebens als unbekannter Waldläufer namens Streicher verbracht und die Grenzen des Auenlandes vor dem Feind beschützt. Die Hobbits wussten nicht einmal, dass es solche Waldläufer überhaupt gibt und dass das Auenland ihnen seine friedliche Ungestörtheit verdankt. Doch so gefällt es Streicher. Je weniger die Leute über ihn wissen, desto besser kann er ihnen dienen. Als er dann den Auftrag annimmt, die kleine Gruppe von Hobbits nach Bruchtal zu bringen, sieht er das als eine Art Erweiterung dessen, was er ohnehin schon die ganze Zeit getan hat: für die Bedürfnisse seines Volkes zu sorgen.

Und so geht es weiter, Kapitel für Kapitel, Seite um Seite. Aragorn führt die Gefährten nach Gandalfs Sturz in Moria an; er legt Pausen ein, wenn sie Ruhe benötigen, und treibt sie an, wenn ihre Sicherheit bedroht ist. Sich selbst gönnt er nur dann etwas Schlaf, wenn es absolut nötig ist. Dann, als sich die Gefährten trennen und der Ringkrieg beginnt, marschiert er an vorderster Front und riskiert wiederholt sein Leben, um den Sieg zu erringen. Und als er gerufen wird, um die Kranken zu heilen – was seine königliche Gabe ist –, gibt er seine wahre Identität noch immer nicht preis, bis die Menschen von Gondor bereit sind, ihn zu empfangen.

Selbst als er dann schließlich als der erkannt wird, der er ist (zum großen Erstaunen der Hobbits!), nämlich der wahre König, verändern sich weder seine Haltung noch seine Ambitionen. Noch immer ist er vor allem anderen ein dienender Leiter und so wird es bis zum Ende seiner Tage bleiben.

Auch wir haben diesen Auftrag.

Obwohl nicht jeder von uns zum Leiten berufen ist, sollen wir doch alle unsere Nächsten lieben und ihnen dienen – ein Konzept, das in christlichen Kreisen schon beinahe zum Klischee verkommen ist. Auf den ersten Blick scheint es ein recht überschaubarer Auftrag zu sein ... jedenfalls, wenn man gedanklich von »diesen armen Menschen« ausgeht, die namen- und gesichtslos weit weg leben und denen wir kleine Geldbeträge und alte Wintermäntel schicken. Doch der Auftrag ist schon ungleich schwieriger zu bewältigen, wenn es um die geht, die uns am nächsten stehen: Eltern, Geschwister, Nachbarn, Freunde.

Wir gehören zu diesen Menschen. Sie haben bestimmte Rechte an uns, die man nicht ignorieren kann, ohne unser häusliches Leben gehörig durcheinander zu bringen. Und hier geht es nicht nur darum, zu ihnen höflich zu sein wie zu Kollegen oder flüchtigen Bekannten. Nein, es geht darum, *sie* für wichtiger zu halten als uns selbst (Philipper 2,3). Ihre Bedürfnisse sollten Vorrang vor unseren eigenen haben. Unsere Gedanken sollten sich darum drehen, was *sie* sich vielleicht wünschen, wie *ihr* Tag war, wie *ihr* Leben wohl läuft. Und dann sollten wir entsprechend handeln.

Stell dir vor, du kommst nach einem langen Tag im Job oder in der Schule nach Hause. An was denkst du zuerst? Was willst du abends noch machen? Nun nehmen wir mal an, dass du noch auf dem Nachhauseweg bereits deine Gedanken auf die Menschen konzentrierst, die du zu Hause vorfinden wirst. Du fragst dich: »Wie ist wohl Mamas Tag heute gelaufen? Worüber möchte mein Bruder wohl gern mal mit mir reden? Was will wohl mein Mitbewohner heute Abend machen? Wie kann ich meinem Vater heute helfen?«

Das klingt kitschig? Probier es doch mal aus! Es wird nicht nur radikal deinen Charakter verändern, sondern auch diejenigen völlig verblüffen, denen du zu dienen versuchst. Deine Oma wird vielleicht misstrauisch annehmen, dass dies ein weiterer Versuch sein soll, sie anzupumpen. Deine Mitbewohnerin wird vermuten, dass du einen neuen Trick ausprobierst, um dich ums Toilettenputzen zu drücken. Doch du machst einfach weiter, wie Streicher, der eine murrende Hobbit-Truppe nach Bruchtal führt – *ihre* Bedürfnisse haben Vorrang, auf jedem Schritt des Weges.

Jesus sagte: »Auch der Menschensohn ist nicht gekommen, um sich bedienen zu lassen, sondern um zu dienen und sein Leben als Lösegeld für alle Menschen hinzugeben« (Markus 10,45). Größe zeigt sich nicht darin, dass man andere nach seinem eigenen Willen beugt, wie Saruman es versucht, sondern darin, dass man den eigenen Willen den Bedürfnissen anderer unterstellt. Dienstbereitschaft ist die bedeutendste Prüfung unseres Charakters, das Zeichen echten Königtums auf den Kindern des Allerhöchsten.

Dies ist die Lektion, die wir von Aragorn lernen können, der die Gemeinschaft über sich selbst stellt:

Dienstbereitschaft beginnt bei denen, die uns am nächsten stehen.

»Auch der Menschensohn ist nicht gekommen,
um sich bedienen zu lassen, sondern um zu dienen
und sein Leben als Lösegeld für alle Menschen
hinzugeben« (Markus 10,45).

Und was sagt die Bibel dazu?

Nimm dir Zeit, um die folgenden Bibelstellen nachzuschlagen: Matthäus 23,11; Markus 10,43–45; Lukas 22,27; Philipper 2,3–11; 2. Timotheus 2,24–25.

Weiterführende Fragen

- Was kommt dir als Erstes in den Sinn, wenn du das Wort »Dienstbereitschaft« hörst?
- Wie leicht oder schwer fällt es dir, denen zu dienen, die dir am nächsten stehen: Eltern, Geschwistern, dem Ehepartner, Freunden?
- Wie kannst du ganz praktisch ihre Bedürfnisse vor deine eigenen stellen?
- Was könnte dabei herauskommen – und warum ist es das wert?
- Was wirst du nun tun?

9. Woche:

Die Wahl zwischen Verzweiflung und Hoffnung

Teil 1: Die Verzweiflung wählen

»In die Luft war er [der Herr der Nazgûl] *zurückgekehrt, hatte sein Ross herbeigerufen, ehe die Dunkelheit verging, und nun war er wiedergekommen, brachte Verderben und verwandelte Hoffnung in Verzweiflung und Sieg in Tod.«*
»Rückkehr des Königs« (III, 126)

Je näher Frodo und Sam dem Schicksalsberg kommen, desto klarer wird uns, dass sie den Nazgûl im Auenland nur mit knapper Not entkommen sind. Es ist erstaunlich, dass einer der Ringgeister bis nach Beutelsend gekommen ist, just als dessen Bewohner gerade verschwunden sind. Und dann werden die Hobbits unterwegs beinahe aufgespürt. Doch erst, als sie Streicher in Bree begegnen und er ihnen erklärt, was sie da tatsächlich verfolgt hat, erkennen sie, wie verwundbar sie sind. Und nach der Begegnung auf der Wetterspitze, wo Frodo verwundet wird, wird ihnen das wahre Ausmaß ihrer Hilflosigkeit bewusst.

Denn gegen Geister gibt es keine wirkliche Verteidigung. Die Ringgeister oder Nazgûl sind die Überreste, die Schatten menschlicher Könige, die von ihrer Machtgier und der Bindung an den Einen Ring am »Leben« gehalten werden. Selbst Saurons Untergebene fürchten sich vor ihnen; die Orks würden sich ohne Zögern selbst umbringen, würden die Nazgûl es ihnen befehlen. Obwohl sie in der Nähe von Bruchtal einen herben Rückschlag erleiden, als ihre Pferde in den Fluten ertrinken, kehren die Ringgeister bald zurück, dieses Mal auf fliegenden Reittieren und schrecklicher als je zuvor.

Mit Saurons Bosheit wächst auch der Schrecken der Nazgûl-Schreie über den Mauern von Minas Tirith. Tapfere Männer brechen zusammen, während andere wie gelähmt sind und ihre Waffen fallen lassen, »und sie dachten nicht mehr an den Krieg, sondern nur daran, sich zu verstecken und wegzukriechen, und an den Tod«[15]. Wenn die Nazgûl wieder verschwinden, schämen sich die Männer ihrer Schwäche. Ihre Unfähigkeit, standhaft zu bleiben, ist typisch für Saurons Vorgehensweise – eine psychologische Attacke, bevor die eigentliche Schlacht beginnt.

Und doch ist es im Grunde nicht der Schrecken der Nazgûl, der diese Männer überwältigt, sondern die Leere und Machtlosigkeit ihrer eigenen Seele. Indem sie versuchen, all ihren Mut und ihre Charakterstärke zusammenzunehmen und dieser Bedrohung tapfer zu begegnen, entdecken sie, dass sie nichts davon besitzen. Sie können nichts ausrichten.

Das ist eine geistliche Erfahrung, die wir alle irgendwann machen. Trotz allen Lobes und aller Bestätigung von unseren Eltern und Lehrern, trotz der Tatsache, dass wir bedingungslos von einem heiligen Gott geliebt werden, erleben wir alle Momente, in denen wir begreifen, dass wir tatsächlich ziemlich machtlos sind. Und das ist eine erschreckende Erkenntnis!

Seltsamerweise ereignet sich eine solche Krise oft mitten im Gebet und der Selbstprüfung. Während wir in Gottes Wort lesen und uns selbst hinterfragen, beginnen wir, unsere eigene Schwäche deutlich zu erkennen. Thomas Merton, ein Mönch des 20. Jahrhunderts, drückte es so aus: »Manchmal sind Gebet, Meditation und Kontemplation eine Art ‚Tod' – ein Abstieg in unsere eigene Nichtigkeit, eine Erkenntnis unserer Hilflosigkeit, Frustration, Untreue, Verwirrung, Ignoranz.«[16] Wir sind wie der Prophet Jesaja in der Anwesenheit der Seraphim: »Ich bin verloren! Ich bin schuldig und unwürdig, vor Gott zu reden« (Jesaja 6,5).

An jedem Wendepunkt unseres Lebens, in jeder großen Krise, vollzieht sich dieser »Abstieg in unsere eigene Nichtigkeit«. Unsere Masken und Fassaden brechen zusammen und unsere nackte Seele schaut der Wahrheit ins Gesicht. Und erst, wenn wir dort hineinblicken und unsere Leere erkennen, den großen Abgrund der Sünde, rufen wir nach jemandem – etwas Höherem und Heiligerem als uns selbst, das den Bruch heilen kann und uns mit einem Leben füllt, das weit besser ist als alles, was wir selbst zu Stande bringen können. Dies ist der Moment wahrer Er- und Bekenntnis, der entweder zur Verzweiflung oder zu neuem Leben führt.

Jesus sagte: »Ich bin der Weinstock; ihr seid die Reben ... ohne mich könnt ihr nichts tun« (Johannes 15,5). Unglücklicherweise konzentrieren wir uns oft auf das »nichts« und vergessen das »ohne mich«. Uns entfällt, dass wir zu Jesus Christus gehören. In ihm sind wir Jemand. Wenn wir diese Wahrheit begreifen, können wir uns von dem Abgrund abwenden und den Aufstieg beginnen.

In »Der Herr der Ringe« gibt es immer wieder Momente der Nichtigkeit, in denen die Protagonisten die Hilfe einer höheren Macht benötigen. Théoden und seine Männer reiten in ihre letzte Schlacht an Helms Klamm. Éowyn steht winzig klein vor dem Fürsten der Nazgûl. Die guten Mächte von Mittelerde sehen vom

Schlachtfeld auf und erblicken die gefürchteten Schiffe, die den Anduin hinauf segeln. Frodo und Sam stolpern den Schicksalsberg hinunter, während sich der Boden unter ihren Füßen auftut. In jeder dieser Situationen sind die Akteure davon überzeugt, dass ihr nächster Schritt der letzte sein wird. Sie haben alles getan, was aus ihrer eigenen Kraft heraus möglich war. Jetzt brauchen sie Hilfe – oder sie gehen zu Grunde.

Dies ist die Lektion, die uns die Ringgeister lehren, die über den Mauern von Minas Tirith kreisen:

Auf die eigene Kraft zu bauen führt zu Verzweiflung und Untergang.

»Ich habe allen Mut verloren, mit meiner Kraft
bin ich am Ende. Ich erinnere mich an früher, an alles,
was du damals vollbracht hast; ich denke über deine
Taten nach. Betend strecke ich dir die Hände entgegen
und warte sehnsüchtig auf deine Hilfe« (Psalm 143,4–6).

Und was sagt die Bibel dazu?

Nimm dir Zeit, um die folgenden Bibelstellen nachzuschlagen: Psalm 42,5; 142; 143; Matthäus 27,45–46; 2. Korinther 1,8–11.

Weiterführende Fragen

- Was ist die wahre Quelle der Verzweiflung?
- Hast du schon einmal tiefe Verzweiflung gespürt? Wann? Wie war das?
- Kennst du den »Abstieg in die eigene Nichtigkeit«, als du begriffen hast, dass du Gottes Hilfe brauchst?
- Kennst du jemanden, der gerade verzweifelt?
- Was wirst du nun tun?

Teil 2: Die Hoffnung wählen

»Die Adler kommen! Die Adler kommen!«
»Die Rückkehr des Königs« (III, 190)

Wenn unsere Reise mit Frodo bislang eines deutlich gemacht hat, dann dies: Man sollte nicht dem äußeren Schein trauen. Wir haben uns mehr als einmal die Finger an betrügerischen Charakteren wie Saruman, Schlangenzunge oder Denethor »verbrannt«. Wir haben gelernt, uns nicht zu sehr auf etwas oder jemanden einzulassen; vieles ist im Laufe der Zeit einfach bereits verloren gegangen. Wir haben uns an Beerdigungen gewöhnt. Nichts kann uns mehr überraschen. Während Frodo und Sam den Schicksalsberg hinuntertaumeln, während der Berg auseinander zu brechen droht, denken wir: *Okay, das war's dann wohl. Ich hätte mich von Anfang an nicht so sehr auf diese Geschichte einlassen sollen!*

Gleichzeitig sagt eine Stimme in uns: *Doch, das ist es wert! Ganz bestimmt!* Vielleicht haben wir ja von irgendwem einen Hinweis darauf bekommen, wie die Geschichte ausgeht. Oder wir können uns denken, dass niemand so viel Zeit und Geld in eine Story ohne Happyend steckt! Doch wahrscheinlich sind wir einfach zu der Überzeugung gelangt, dass Tolkien uns nicht hängen lässt.

Die Beziehung zwischen einem Autoren und seinen Lesern ist schon seltsam. Als Leser gewinnen wir einen gewissen Eindruck von der Intention und Richtung, die der Autor nimmt, aber wir sind nie ganz sicher, dass er auch hält, was er versprochen hat. Er ist uns schließlich keine Rechenschaft schuldig, oder? Wir wissen nicht, ob diese Geschichte schön oder tragisch endet. Aber sollten wir nicht irgendwie dafür belohnt werden, dass wir so lange am Ball geblieben sind? Kann der Autor jetzt nicht eingreifen und etwas richtig Inspirierendes schreiben?

Und Tolkien tut genau das – immer und immer wieder. Als Théoden und die anderen in Helms Klamm in den sicheren Untergang reiten, eilt Gandalf im letzten Moment zu ihrer Rettung. Als Éowyn dem Nazgûl gegenübersteht, findet Merry plötzlich die über-hobbitliche Kraft, ihr zu helfen. Als die Kämpfer von Mittelerde voller Grauen die feindlichen Schiffe herannahen sehen, entdecken sie zu ihrer Überraschung Arwens Flagge am Mast des vordersten Schiffs, und Aragorn steht auf dem Deck.

Und so ist es auch, als die Adler kommen und Frodo und Sam retten. Wir sollten eigentlich nicht überrascht sein. Jetzt, wo wir fast am Ende angekommen sind, hätten wir mit etwas außergewöhnlich Gutem rechnen können. Doch aus irgendeinem Grund haben wir bis zuletzt gefürchtet, dass Tolkien uns dieser letzten Freude berauben würde.

Oft begegnen wir Gott mit demselben Misstrauen.

Der Tatsache zum Trotz, dass der große Autor des Lebens uns ein gigantisches Happyend versprochen hat, scheinen wir immer noch zu argwöhnen, dass er irgendetwas Hässliches vorhat. Schließlich ist Leid ein großes Thema in den meisten guten Geschichten; so entwickeln und verändern sich die Hauptdarsteller – also wir. Und inmitten all des Leids fällt es schwer, an ein Happyend zu glauben. Wir beginnen, die Intention des Autors zu hinterfragen. Wenn die Lage so übel aussieht, wie sollen wir da auf Besserung hoffen?

Manche Menschen missbrauchen das Vorhandensein von Leid auf der Welt als Argument gegen die Existenz eines liebenden, allmächtigen Gottes. Wie könnte ein solches Wesen all die schrecklichen Dinge zulassen, die uns zustoßen? Wenn wir diese Logik auf einen Autoren und sein Buch übertragen, wird es noch schwieriger. Die Tatsache, dass die Hauptpersonen in der Geschichte Schmerzen und Verluste erleben, bedeutet ja auch nicht, dass der Autor 1. kein Interesse an seinen Figuren oder 2. keine Kontrolle über den Handlungsverlauf mehr hat oder gar 3. gar nicht existiert! Während 3. ganz offensichtlich nicht wahr sein kann, ist in vielen Fällen von wirklich schlechten Geschichten 1. oder 2. der Fall. Doch bei richtig guter Literatur ist das nicht so. In diesem Fall hat der Autor einen guten Grund für das, was er seinen Protagonisten widerfahren lässt. Und auch Leid hat in diesem Zusammenhang einen Sinn.

Paulus schrieb: »Denn wir wissen: Durch Leiden lernen wir Geduld, durch Geduld kommt es zur Bewährung, durch Bewährung festigt sich die Hoffnung. Unsere Hoffnung aber wird uns nicht enttäuschen« (Römer 5,3–5). Der Verfasser der Geschichte überlässt uns nicht einfach unserem Schicksal und er lässt uns auch nicht willkürlich leiden. Er schreitet ein – manchmal im letzten möglichen Moment –, um uns zu retten, und er hat uns ein Happyend versprochen, das alles übertreffen wird, was wir uns nur vorstellen können.

Das großartige Buch Gottes, die Bibel, ist voll von seinen Zusagen. Er wird uns nie verlassen oder vergessen (Josua 1,5). Jesus wird immer bei uns sein (Matthäus 28,20). Im Himmel wird es keine Tränen und kein Leid mehr geben (Offenbarung 21,5 und 22,5). Auf diese Versprechen setzen wir unsere Hoffnung; nicht auf unsere eigene Stärke oder unsere Fähigkeit, die richtige Entscheidung aus den richtigen Gründen zu treffen. Gott, der Verfasser der Menschheitsgeschichte, ist der Erfinder aller wirklich guten Storys!

Also ist diese Reise mit Frodo die Sache wert gewesen! Wir haben Beweise dafür gesammelt, dass unsere Entscheidungen – so undurchsichtig und schwierig sie auch manchmal sein mögen – wichtige Auswirkungen auf die große Schlacht zwischen Gut und Böse haben. Es ist klar geworden, dass der Autor der Geschichte seine Zusagen einhält. Und wir können darauf vertrauen, dass in unseren dunkelsten Stunden, wenn alles aussichtslos erscheint, die Hilfe bereits unterwegs ist.

Dies ist die Lektion, die uns die Adler lehren, die im allerletzten Augenblick zum Schicksalsberg fliegen und Frodo und Sam retten:

Setze deine Hoffnungen in den Autor deiner Geschichte. Seine Versprechen werden erfüllt!

»Ich habe angekündigt, dass ich euch retten will.
Ich habe euch schon früher gerettet, und das werde ich auch in Zukunft tun. Ich bleibe derselbe.
Keiner kann mir etwas aus der Hand reißen.
Was ich tun will, kann niemand verhindern«
(Jesaja 40,30–31).

Und was sagt die Bibel dazu?

Nimm dir Zeit, um die folgenden Bibelstellen nachzuschlagen: 5. Mose 31,6; Psalm 121; 130; Sprichwörter 23,18; Jeremia 29,11–14; Römer 15,4; 2. Korinther 4,16–18; 1. Thessalonicher 1,3.

Weiterführende Fragen

- Hast du schon einmal erlebt, dass du in einer schrecklichen Situation gesteckt hast und plötzlich Hilfe kam?
- Kannst du auf eine schlimme Situation zurückblicken und das Gute entdecken, das Gott darin gewirkt hat?
- Wie kannst du lernen, Gott als Autor der Geschichte mehr zu vertrauen und seinen Zusagen zu glauben?
- Welche Art von Happyend verspricht Gott denen, die ihren Lebensweg mit Jesus gehen?
- Was wirst du nun tun?

»Wir wollen den Blick auf Jesus richten,
der uns auf dem Weg vertrauenden Glaubens
vorausgegangen ist und uns auch ans Ziel bringt.
Er hat das Kreuz auf sich genommen
und die Schande des Todes für nichts gehalten,
weil eine so große Freude auf ihn wartete«
(Hebräer 12,2).

Kurzer Führer durch Mittelerde: Worterklärungen

(Vorab möchte ich mich bei den Fans des »Silmarillion« entschuldigen – es würde den Rahmen dieses Buches sprengen, ausgedehnte Hintergrundinformationen zu liefern. Ich erläutere nur die absolut notwendigen Grundlagen!)

Anduin: Der große Strom, der durch das Reich Gondor im Osten von Mittelerde fließt.

Arwen: Elronds Tochter, die elbische Verlobte von Aragorn.

Aragorn: Der heimliche Thronerbe von Gondor. Als »Streicher« führt er die Hobbits vom Auenland nach Bruchtal und wird einer der neun Gefährten.

Auenland: Die idyllische Heimat der Hobbits.

Balrog: Eine mächtige dämonenartige Kreatur, die in den Tiefen der Minen von Moria lebt und Gandalf mit sich in die Tiefe reißt.

Beutelsend: Bilbo Beutlins Heim im Auenland, das er seinem Neffen Frodo vermacht.

Bilbo Beutlin: Der erste Hobbit, der zu Abenteuern aufbricht und den Einen Ring findet. Seine

Geschichte wird in Tolkiens bezauberndem Buch »Der kleine Hobbit« erzählt. Er gibt den Ring schließlich an Frodo weiter.

Boromir: Ältester Sohn von Denethor, dem Truchsess von Gondor. Er schließt sich den Gefährten in Bruchtal an, kann aber der Verführung des Rings nicht widerstehen und wird schließlich in einem Kampf von Orks getötet.

Bree: Ein Dorf am Rande des Auenlandes, wo Menschen und Hobbits leben. In dem Wirtshaus »Zum Tänzelnden Pony« begegnen die Hobbits Aragorn alias »Streicher« zum ersten Mal.

Bruchtal: Elronds Haus, in dem sich der Rat der Weisen trifft. Von hier aus machen sich die Gefährten auf den Weg nach Mordor.

Denethor: Truchsess von Gondor in der Stadt Minas Tirith, Vater von Boromir und Faramir. Regiert Gondor in Abwesenheit des Königs (Aragorn).

Dunkle Herr, der: Andere Bezeichnung für *Sauron*.

Elben: Die Erstgeborenen unter den Geschöpfen Mittelerdes. Sie sind schön, musikalisch, unsterblich und haben übersinnliche Fähigkeiten.

Elrond: Der Herr von Bruchtal, der dem Rat der Weisen vorsteht. Er ist halbelbischer Abstammung und der Vater der schönen Arwen.

Ents: Baumähnliche Wesen, die auch Baumhirten genannt werden. Sie leben im Wald von Fangorn und helfen Merry und Pippin im Kampf gegen Saruman.

Éomer: Loyaler Neffe von Théoden, dem König von Rohan.

Éowyn: Schwester Éomers, lebt am Hof des Königs Théoden und ist ihm treu ergeben.

Fangorn: Ein großer, geheimnisvoller Wald, in dem die Ents leben und in den sich nur selten ein Wanderer verirrt.

Faramir: Jüngster Sohn Denethors von Gondor, Bruder von Boromir. Er findet Frodo und Sam am Henneth Annûn nahe der Grenze zu Mordor. Er kann der Versuchung des Ringes widerstehen und kommt zu großen Ehren.

Frodo: Hauptperson in »Der Herr der Ringe«. Als er erfährt, dass es das Ende von Mittelerde bedeutet, wenn der Eine Ring, den Bilbo gefunden hat, in Saurons Hände fällt, willigt er ein, ihn zu zerstören, obwohl er dabei vielleicht ums Leben kommen könnte.

Galadriel: Königin der Elben von Lothlórien.

Gandalf: Der gute Zauberer, der die Gefährten einen großen Teil ihres Weges begleitet. In Moria scheint er vom Balrog vernichtet worden zu sein, doch er kehrt später zurück und bringt die entscheidende Wende in der Schlacht an Helms Klamm.

Gefährten, die: Neun Repräsentanten der guten Mächte von Mittelerde, die den Auftrag haben, den Ring in den Feuern des Schicksalsberges in Mordor zu zerstören: Gandalf, Aragorn, Boromir (Menschen), Legolas (Elben), Gimli (Zwerge), Frodo, Sam, Merry und Pippin (Hobbits).

Gimli: Der einzige Zwerg unter den Gefährten. Wird bald der beste Freund des Elben Legolas.

Gollum: Auch Sméagol genannt. War einst eine Art Hobbit, wurde jedoch durch den jahrlangen Besitz des Ringes zu einem erbarmungswürdigen Wesen mit zwei Persönlichkeiten entstellt. Seit Bilbo den Ring fand, versucht Gollum, wieder in seinen Besitz zu kommen. Er verfolgt Frodo und Sam und führt sie schließlich nach Mordor.

Gondor: Von Menschen regiertes Königreich im Südosten von Mittelerde. Seit Jahrhunderten wird es von Truchsessen regiert, bis der wahre König zurückkehrt. Aragorn ist der heimliche Thronerbe.

Haldir: Einer der Elbenwächter von Lothlórien.

Helms Klamm: Festung, von der aus die Reiter von Rohan gegen Saruman und die Orks kämpfen. Vgl. auch *Rohan*.

Henneth Annûn: Faramirs heimliches Versteck, verborgen hinter einem Wasserfall, nahe der Grenze zu Mordor.

Hobbits: Auch »Halblinge« genannt. Kleine Leute, die im Auenland im Nordwesten von Mittelerde leben. Friedliebend, sinnenfreudig und im Ernstfall todesmutig.

Isengart: Sitz des Zauberers Saruman.

Isildur: Vorfahr von Aragorn, der einst den Ring von Saurons Finger schnitt, es dann aber nicht über sich brachte, ihn zu zerstören.

Kankra: Riesenspinne, die in einem Tunnelsystem an der Grenze von Mordor lebt.

Khazad-dûm: Der Zwergenname für die Minen von *Moria*.

Legolas: Der einzige Elb unter den Gefährten. Wird bald Gimlis bester Freund.

Lothlórien: Der Wald, in dem die Elben unter Galadriels Herrschaft leben. Die Gefährten fliehen nach Gandalfs Verlust in den Minen von Moria dorthin.

Merry: Einer der Hobbits in Frodos Begleitung. Frodos Cousin und guter Freund.

Minas Tirith: Die Hauptstadt von Gondor.

Mittelerde: Die imaginäre Welt, in der »Der Herr der Ringe« spielt.

Moria: Ehemaliges unterirdisches Reich der Zwerge. Dort kämpft Gandalf gegen den Balrog und stürzt in die Tiefe.

Mordor: Das Reich des dunklen Herrschers Sauron im Osten von Mittelerde.

Nazgûl: Die neun so genannten »Ringgeister«; ehemals menschliche Könige, die inzwischen als Geisterwesen unter Saurons Befehl durch Mittelerde streifen. Sie werden durch ihre Gier nach dem Ring am Leben erhalten.

Orks: Saurons hässliche Soldaten. Sie waren einst Elben, die aber korrumpiert wurden und so zu seelenlosen Kampfmaschinen entarteten.

Pippin: Ein weiterer Hobbit in Frodos Gruppe, ebenfalls ein Jugendfreund von Frodo.

Rat der Weisen: Bestehend aus Gandalf, den Elben Galadriel und Elrond und anderen, die die Guten von Mittelerde in ihrem Kampf gegen Sauron, den dunklen Herrscher, beraten. Sie treffen mit den Repräsentanten der verschiedenen Völker von Mittelerde in Bruchtal zusammen, um über das weitere Schicksal des Rings zu entscheiden.

Ring, der Eine: Diesen Ring hat Sauron geschmiedet, um die anderen »Ringe der Macht« beherrschen zu können. Viele Jahrhunderte war er verloren, bis Gollum ihn fand. Dann stieß Bilbo, Frodos Onkel, zufällig auf den Ring und gab ihn an Frodo weiter, der ihn nun nach Mordor bringt, um ihn im Schicksalsberg zu zerstören, wo er auch geschmiedet wurde.

Ringgeister: Vgl. *Nazgûl.*

Rohan: Das Reich der Rohirrim, der Pferdeherren, im Zentrum von Mittelerde, nahe Isengart.

Samweis Gamdschie (Sam): Frodos loyaler Gärtner aus dem Auenland, der geschworen hat, bis zum bitteren Ende bei seinem Herrn zu bleiben.

Saruman: Ein Zauberer wie Gandalf, der der Macht des Bösen verfällt. Er will den Ring für sich selbst erobern.

Sauron: Der Bösewicht in »Der Herr der Ringe«. Nachdem die Elben viele Jahrhunderte zuvor die »Ringe der Macht« hergestellt hatten, schmiedete Sauron im Feuer des Schicksalsberges den Einen Ring, um alle anderen Ringe zu kontrollieren. Doch der Ring ist verloren gegangen und Sauron sucht ihn. Seit er weiß, dass ein Hobbit aus dem Auenland in seinem Besitz ist, ist er Bilbo und Frodo auf den Fersen. Der Ringkrieg nimmt seinen Lauf.

Schicksalsberg: Vulkan in Mordor. Hier wurde der Ring geschmiedet und nur hier kann er zerstört werden.

Schlangenzunge, Gríma: Der schleimige »Berater« von König Théoden, der im Auftrag von Saruman Théodens Geist immer mehr verwirrt.

Sehende Steine: Auch *Palantir* genannt. Magische Steine, die einst von Menschen benutzt wurden, um zu sehen, was in der Welt geschieht, und um miteinander zu kommunizieren. Saruman, Sauron und Denethor besitzen je einen davon.

Silmarillion, das: Die komplette von Tolkien erdachte Geschichte und Mythologie von Mittelerde in Buchform.

Sméagol: Vgl. *Gollum.*

Streicher: Vgl. *Aragorn.*

Théoden: Der alternde König von Rohan.
Er steht lange unter dem Einfluss Sarumans (dank dem intriganten Gríma Schlangenzunge).
Als Gandalf ihn davon befreit, schließt er sich den anderen guten Mächten von Mittelerde an, um Saruman und Sauron zu bekämpfen.

Uruk-hai: Ork-ähnliche Kreaturen, die Saruman erschaffen hat. Sie können sich, anders als gewöhnliche Orks, auch bei Tageslicht bewegen und sind wahre Kampfmaschinen.

Waldläufer: Aragorn und andere Abkömmlinge der alten Könige, die heimlich Mittelerde bewachen.

Wetterspitze: Nachdem die Hobbits Frodo, Sam, Pippin und Merry im »Tänzelnden Pony« Aragorn getroffen haben, müssen sie von dort fliehen und machen schließlich auf der Wetterspitze Rast.
Die neun Ringgeister holen sie jedoch dort ein und verwunden Frodo schwer.

Zauberer: Mächtige, menschenähnliche Gestalten, die Mittelerde vor Sauron schützen sollen.
Saruman und Gandalf sind die einflussreichsten von ihnen.

Zwerge: Menschenähnliche Wesen, allerdings kleiner und in jeder Hinsicht härter, die vorzugsweise in Bergstollen und Höhlen leben. Es gibt seit Jahrhunderten eine Art Volksfehde zwischen Zwergen und Elben.

Anmerkungen

Die Zitate aus »Der Herr der Ringe« wurden der folgenden Ausgabe entnommen: J. R. R. Tolkien: »Der Herr der Ringe«, 3-bändige Gesamtausgabe, Stuttgart: Klett-Cotta 1994. Übersetzung von Margaret Carroux.

1 »Die Rückkehr des Königs«, fünftes Buch, erstes Kapitel, Seite 23 (III, 23)
2 »Die Gefährten«, zweites Buch, fünftes Kapitel, Seite 398 (I, 398)
3 »Die Gefährten«, zweites Buch, fünftes Kapitel, Seite 399 (I, 399)
4 »Die Gefährten«, zweites Buch, fünftes Kapitel, Seite 399 (I, 399)
5 »Die Gefährten«, zweites Buch, sechstes Kapitel, Seite 402 (I, 402)
6 »Die zwei Türme«, drittes Buch, fünftes Kapitel, Seite 112 (II, 112)
7 Quelle unbekannt
8 »Die Rückkehr des Königs«, sechstes Buch, zweites Kapitel, Seite 228 (III, 228)
9 »Die Gefährten«, zweites Buch, siebtes Kapitel, Seite 430 (I, 430)
10 aus: *Letters and Papers from Prison*, Herausgeber: Eberhard Bethge, Macmillan Publishing 1971
11 »Die zwei Türme«, drittes Buch, sechstes Kapitel, Seite 138 (II, 138)

[12] »Die Rückkehr des Königs«, fünftes Buch, sechstes Kapitel, Seite 273 (III, 273)
[13] »Die zwei Türme«, drittes Buch, fünftes Kapitel, Seite 113 (II, 113)
[14] Quelle unbekannt
[15] »Die Rückkehr des Königs«, fünftes Buch, viertes Kapitel, Seite 106 (III, 106)
[16] Quelle unbekannt

KOMMEN SIE MIT NACH MITTELERDE!

Mark Eddy Smith:

TOLKIENS GANZ GEWÖHNLICHE HELDEN

J. R. R. Tolkien war ein tief gläubiger Christ, und obwohl sein Meisterwerk „Der Herr der Ringe“ keine explizit religiösen Inhalte zum Ausdruck bringt, spiegelt sich doch die fromme Weltsicht des Autoren auf jeder Seite des Buches.

Selbstaufopferung, Demut und Gastfreundschaft, Treue, Mut und Vertrauenswürdigkeit – das sind die Tugenden, die in „Der Herr der Ringe“ groß geschrieben werden und mit denen letztlich die ganze Mission steht oder fällt.

Da ist zum Beispiel die Tatsache, dass ein kleiner, schwacher Hobbit auserwählt wird, Ringträger zu sein – und sich doch als weit widerstandsfähiger und stärker erweist als so mancher Menschenkönig oder Elbenfürst. Der große Zauberer Gandalf opfert sein Leben für seine Freunde. Der einfache Gärtner Sam wird zur zentralen Gestalt der Geschichte, denn nicht auf Intelligenz und Macht kommt es an, sondern auf Treue und die Reinheit des Herzens.

Taschenbuch, 144 Seiten • Bestell-Nr. 815 791